Há pessoas perdendo a visão do Reino de Deus, forjando suas próprias ideias e seus ideais pela lógica de um mundo de cultura, comportamentos, posicionamentos, crenças e valores caóticos. Essas pessoas estão cegas e guiando outras para um abismo de conceitos, afrontosamente, contrários aos ensinos bíblicos; mesmo que, muitas, até usem a própria Bíblia para customizar ou relativizar a fé como lhes parecer conveniente. Mas, assim como Jesus deu visão a muitos que estavam impedidos de enxergar, este livro lhe ajudará a desenvolver a mentalidade cristã e a perceber a vida pela ótica de Cristo.

Darleide Alves, apresentadora da TV Novo Tempo

Vivemos dias de guerra pela conquista de corações e mentes. Filosofias, ideologias e toda estrutura de pensamento diversa do evangelho de Cristo têm assolado os cristãos, na sanha por arrebanhar adeptos. Em meio a esse turbilhão, urge manter nossa mente cativa à mensagem da cruz e do evangelho de Jesus de Nazaré. Neste livro, Felippe Amorim dá uma bela contribuição à igreja, ao conclamar cada discípulo de Cristo a ter sua mente guiada exclusivamente pelos princípios do Reino de Deus.

Maurício Zágari, publisher da editora GodBooks, teólogo, escritor, jornalista autor e organizador do livro *Unidade perfeita* **(Thomas Nelson Brasil/GodBooks)**

FELIPPE AMORIM

COSMO VISÃO CRISTÃ

COMO PENSAR AS PRINCIPAIS QUESTÕES DA VIDA À LUZ DAS ESCRITURAS

THOMAS NELSON
BRASIL

Copyright © 2022 por Felippe Amorim.

Todos os direitos desta publicação são reservados por Vida Melhor Editora LTDA.

Os pontos de vista desta obra são de total responsabilidade de seu autor, não refletindo necessariamente a posição da Thomas Nelson Brasil, da HarperCollins Christian Publishing ou de sua equipe editorial.

PUBLISHER *Samuel Coto*
EDITOR *Guilherme H. Lorenzetti*
PREPARAÇÃO *Cris Inácio*
REVISÃO *Jean Xavier e Eliana Moura Mattos*
DIAGRAMAÇÃO *Luciana Di Iorio*
CAPA *Rafael Brum*

As citações bíblicas são da *Nova Versão Internacional* (NVI), da Bíblica Inc., a menos que seja especificada outra versão.

CIP-Brasil. Catalogação na publicação
Sindicato Nacional dos Editores de Livros, RJ

A543c   Amorim, Felippe
1.ed.   Cosmovisão cristã: como pensar as principais questões da
vida à luz das Escrituras / Felippe Amorim. – 1.ed. – Rio de Janeiro:
Thomas Nelson Brasil, 2022.
288 p.; 13,5 x 20,8 cm.

ISBN: 978-65-56893-89-1

1. Apologética. 2. Cultura cristã. 3. Cristianismo. 4. Filosofia.
5. Teologia. I. Título.

12-2021/40   CDD 239

Índice para catálogo sistemático:
1. Apologética: Cristianismo   239

Categoria: Igreja

Thomas Nelson Brasil é uma marca licenciada à Vida Melhor Editora LTDA.
Todos os direitos reservados à Vida Melhor Editora LTDA.
Rua da Quitanda, 86, sala 218 – Centro
Rio de Janeiro – RJ – CEP 20091-005
Tel.: (21) 3175-1030
www.thomasnelson.com.br

SUMÁRIO

Agradecimentos 9

Prefácio 11

Introdução 15

Capítulo 1: Cosmovisão 17

Capítulo 2: Cultura 33

Capítulo 3: Cibercultura 47

Capítulo 4: Fé 69

Capítulo 5: Liberdade 83

Capítulo 6: Amizade 97

Capítulo 7: Graça e Lei 109

Capítulo 8: Criação 123

Capítulo 9: Sexualidade humana 137

Capítulo 10: Morte 161

Capítulo 11: Casamento 175

Capítulo 12: Paternidade 189

Capítulo 13: Cuidado com a natureza 207

Capítulo 14: Sofrimento 227

Capítulo 15: Hábitos 251

Capítulo 16: A volta de Jesus 271

Conclusão 287

AGRADECIMENTOS

Escrever um livro é uma tarefa, em parte, solitária. É preciso muitas horas de concentração, pesquisa e produção de texto. São horas árduas de dedicação para que o produto final possa abençoar os leitores. Mas, como eu disse, o trabalho é solitário apenas *em parte*. Ninguém escreve um livro sozinho. Por isso, preciso agradecer a algumas pessoas.

Quero agradecer em primeiro lugar — e antes de tudo — a Deus. Este livro é sobre ele e sua Palavra. Sem a ajuda de Deus eu não teria avançado neste projeto.

Quero agradecer à minha família. Minha esposa, Flor, e meus dois filhos, Daniel e Lucca. Vocês compreenderam os momentos de isolamento para a produção, mas, mais do que isso, foi o amor de vocês e o amor por vocês que me deu (e me dá) forças para não desistir, mesmo diante de dificuldades e barreiras.

Quero agradecer ao amigo Maurício Zágari por viabilizar o contato com a Thomas Nelson Brasil. Nunca terei palavras para agradecer de maneira adequada. Você me deu um presente muito maior do que a minha capacidade de agradecer.

Quero agradecer à equipe editorial da Thomas Nelson Brasil. Eu não sei descrever a honra que sinto por publicar um livro com vocês. Obrigado pelo profissionalismo, pelo

COSMOVISÃO cristã

respeito em cada contato, pelo cuidado com meu texto, pelo esmero com a capa, a diagramação e o acabamento do livro. Trabalho de excelência. Muito obrigado!

Quero agradecer ao dr. Rodrigo Silva por aceitar escrever o prefácio. Fiquei muito honrado por isso. Sua vida é uma bênção!

Quero agradecer (novamente) ao Maurício Zágari e à Darleide Alves por gastarem seu precioso tempo lendo o original e fazendo um endosso para o livro. Me sinto profundamente agradecido por isso.

Quero agradecer aos amigos mais próximos que me ajudaram com sugestões e encorajamento para este projeto.

Agradeço mais uma vez a Deus, quem me proporcionou todas as bênçãos descritas acima. A Deus toda a glória!

À Flor, ao Daniel e ao Lucca, os amores da minha vida!
Aos meu pais, com muito amor, respeito e gratidão.

PREFÁCIO

Em 1948, o filósofo Richard Weaver publicou um livro de título intrigante e desafiador: *Ideas have consequences*.[1] Na época, foi uma das obras mais importantes da Universidade de Chicago. Nela, o autor alertava para os efeitos que o nominalismo estava tendo sobre a cultura ocidental.

Naquele contexto, o termo "nominalismo" dizia respeito a uma doutrina filosófica, segundo a qual as ideias gerais, como gêneros ou espécies, não passam de nomenclatura convencional, isto é, elas não existem de fato. Para os nominalistas a única realidade são os indivíduos e os objetos considerados individuallmente; o universal não existe por si mesmo, é apenas um conceito criado e, por isso mesmo, passivo de questionamento.

Falando desse modo, o tratado de Weaver pode parecer uma publicação desatualizada, referente a uma realidade distante e que não guarda nenhuma semelhança com os dias de hoje. Ledo engano! O nominalismo não precisa ser conhecido como tal para ser assumido inconscientemente nesta realidade líquida que vivemos,[2] e a constatação é que nossa sociedade continua mais nominalista do que nunca.

---

[1]No Brasil: *As ideias têm consequências* (É Realizações, 2016).

[2]Conceito criado pelo filósofo Zygmunt Bauman, autor dos livros *Modernidade líquida, Amor líquido, Tempos líquidos* (Zahar), entre outros. (N. do E.)

COSMOVISÃO cristã

Mas qual o problema em ser nominalista? É que, em essência, essa disposição mental de negar valores universais contradiz o cerne do cristianismo bíblico, o qual estabelece conceitos e princípios gerais que nunca poderiam ser colocados na mesa de negociação. Numa época de relativismos, pós-verdades e exacerbado humanismo, precisamos refletir honestamente se nossos pressupostos de ação refletem verdadeiramente o ensino de Jesus ou a caricatura que criamos dele.

É nesse ponto que um livro como o que propõe o teólogo Felippe Amorim deve ser recebido com muita satisfação, pois traz à baila uma proposta e reflexão atualizadas sobre o que seria o pensar cristão acerca de temas que desafiam nossa fé na sociedade contemporânea. O livro — escrito de maneira acessível, mas aprofundada — traz um conjunto bem-selecionado de assuntos morais, cognitivos e sociais que vão desde os capítulos clássicos da teologia sistemática até as questões éticas e relacionais como o casamento, a sexualidade e a paternidade.

Tive um apreço especial em relação à maneira didática como o autor menciona conceitos complexos expressos por pensadores como Niebuhr, Descartes e Kant. Sem perder de vista o contexto imediato dos autores citados, o professor Felippe atualiza os assuntos para abarcar questões inéditas, como a cibercultura. Tudo isso, é claro, em permanente diálogo com a Sagrada Escritura, que se torna a principal fundamentação teórica de seu entendimento.

Recomendo, portanto, com alegria este material que pode ser útil tanto à leitura particular quanto a uma proveitosa discussão em grupo. Os fundamentos lançados

PREFÁCIO

pelo autor podem servir de direcionamento para a reflexão de outras temáticas não contempladas nesta obra. O que temos, portanto, é um assunto pertinente, lucidamente escrito, cujo conteúdo certamente servirá àqueles que se debruçarem sobre sua leitura.

Rodrigo Silva possui graduação em Teologia pelo Instituto Adventista de Ensino do Nordeste (1992), graduação em Filosofia pela Unifai (1999), mestrado em Teologia Patrística pela Faculdade Jesuíta de Filosofia e Teologia (1996), especialização em Arqueologia pela Universidade Hebraica de Jerusalém (1998), doutorado em Teologia Bíblica pela Pontifícia Faculdade de Teologia N. S. Assunção (2001) – atualmente vinculada à PUC–SP –, doutorado em Arqueologia Clássica pela Universidade de São Paulo (2012) e estudos pós-doutorais com concentração em Arqueologia Bíblica pela Andrews University, EUA (2008). É professor de Teologia e Arqueologia do Centro Universitário Adventista de São Paulo (Unasp), curador do Museu de Arqueologia da Unasp e apresentador do documentário semanal *Evidências*.

INTRODUÇÃO

Existe uma forma cristã de enxergar a vida, mas, infelizmente, essa maneira de ver o mundo tem se diluído nesse período que Zygmunt Bauman chamaria de "líquido". Os cristãos têm misturado conceitos diversos para fazer seus julgamentos a respeito de variados assuntos; contudo, é urgente resgatar o que os especialistas chamam de cosmovisão cristã.

Neste livro, minha proposta é buscar essa visão cristã de mundo a respeito de 16 temas que estão diretamente ligados ao nosso cotidiano e que fazem muita diferença na nossa felicidade, pois enxergar cada um desses temas a partir da ótica cristã é essencial. É lógico que muitos outros temas poderiam entrar como capítulos do livro, contudo, decidi me limitar a esses.

Inicialmente, o título do livro seria uma brincadeira com a língua portuguesa, um neologismo (CRISTÃmente), indicando que a intenção deste livro é ajudar você a desenvolver uma mente cristã. Mas o título também seria uma referência à forma de pensar. No entanto, após conversas com meus editores, decidimos optar pelo título *Cosmovisão cristã*, que também me agradou muito, já que indica minha área de interesse desde o período de estudos do mestrado em teologia.

COSMOVISÃO cristã

Minha proposta é que o leitor conheça as bases da cosmovisão cristã e também entre em contato com a aplicação desse conceito a assuntos bastante práticos. Dessa forma, você, leitor, poderá aplicar esses princípios a outros assuntos que não foram incluídos no escopo do livro.

O primeiro capítulo ajudará você a entrar em contato com os argumentos teórico-filosóficos a respeito da cosmovisão (em geral) e da cosmovisão cristã mais especificamente. Gostaria muito que, ao terminar a leitura do primeiro capítulo, você tomasse a decisão de não mais viver uma vida compartimentalizada, mas, sim, uma vida voltada totalmente para a glória de Deus.

O segundo capítulo também construirá um "chão" sobre o qual a vida cristã pode se desenvolver. Falaremos sobre o conceito de cultura e como isso afeta a vida cristã, uma vez que vamos buscar descobrir qual deve ser a verdadeira relação do cristão com a cultura.

Os capítulos seguintes tratarão da aplicação da cosmovisão cristã a diversos assuntos, como sexualidade humana, morte, amizade, graça e lei, dentre outros. Espero que a leitura desses capítulos ajude você a montar um escopo filosófico-teológico com o qual verá todos os aspectos da sua vida.

Desejo que a leitura deste livro o ajude a olhar para o mundo com a ótica de Cristo revelada em sua Palavra. Desejo também que esta leitura o incentive a sempre buscar na Bíblia os princípios que nortearão as suas decisões. Então, sem mais delongas, vamos pensar CRISTÃmente?

CAPÍTULO 1

COSMO
VISÃO

Algumas vezes, as coisas importantes da vida são imperceptíveis ao olho humano. O amor, o respeito, a lealdade são todos conceitos que não possuem uma forma física, mas estão em nossa mente, sem, contudo, se materializarem, e isso acontece com muitos outros conceitos humanos.

Um deles, talvez o mais fundamental para a existência dos seres humanos, é o conceito de *cosmovisão*. Possivelmente, você já ouviu falar sobre isso, mas será que saberia dizer qual é a sua cosmovisão? Você tem ideia da importância desse assunto para o bom andamento da sua vida e da sociedade como um todo? Neste capítulo, vamos pensar sobre esse tema tendo por base a ótica cristã.

CAMADAS MAIS PROFUNDAS DA EXISTÊNCIA

Em 1912, aconteceu uma das maiores e mais conhecidas tragédias da história. O mundo vivia a euforia da Revolução Industrial, e as máquinas a vapor estavam movimentando a economia e a sociedade globais. Muitas indústrias haviam nascido, e os efeitos positivos e negativos desse fato eram vistos em todos os lugares.

A navegação havia avançado de maneira impressionante, e os navios ficavam cada vez maiores e mais velozes. Nessa época, foi construído o Titanic, um feito que impressionava o mundo.[1] Com 269 metros de comprimento,

---

[1]Informações extraídas de: "Naufrágio do Titanic completa um século; veja números da tragédia". Disponível em: https://noticias.uol.com.br/internacional/ultimas-noticias/2012/04/14/naufragio-do-titanic-completa-um-seculo-veja-numeros-da-tragedia.htm?foto=1.

28 metros de largura e pesando 46.328 toneladas, o Titanic era um gigante da indústria naval.

Os recursos do navio também impressionavam as pessoas: quatro elevadores, salões luxuosos para festas e piscina aquecida. Era impulsionado pela energia produzida por 29 caldeiras, que faziam com que o Titanic alcançasse a velocidade de 44 km/h.

A viagem começou no dia 10 de abril de 1912 no porto de Southampton, Inglaterra, com destino a Nova York, Estados Unidos. O evento chamou a atenção de muitos órgãos de imprensa; quando o navio zarpou, havia muita euforia dentro e fora do Titanic. Essa alegria, porém, não duraria muito.

Quatro dias depois, o que era euforia se transformou em desespero. Pouco antes de terminar o dia 14 de abril, o Titanic se chocou contra um iceberg que rasgou seu casco abaixo do nível da água. Cerca de três horas depois, às 2h20 do dia 15 de abril, o Titanic desapareceu nas águas do Oceano Atlântico. Há divergências quanto ao número de pessoas a bordo, mas estima-se que havia perto de 2.200 entre passageiros e tripulantes, dos quais quase 1.500 perderam a vida naquele mar, cuja temperatura estava em torno de –2°C.

Gostaria de chamar a sua atenção para um detalhe: o que fez o Titanic afundar não estava à vista das pessoas; foi a parte submersa do iceberg que fez um buraco no casco do navio na parte abaixo do nível da água. Tudo estava imperceptível ao olho humano, mas os efeitos foram muito fortes e claros para todos.

O conceito de cosmovisão faz parte dessas coisas da vida que estão abaixo do perceptível pelo olho humano, mas que têm efeitos muito fortes na vida prática das pessoas. Vamos trabalhar um pouco esse conceito.

O QUE É COSMOVISÃO?

"Cosmovisão" é uma palavra formada pela junção de *cosmos* + *visão*, ou seja, uma definição simples para esse conceito seria "a forma como as pessoas veem o mundo". A maioria dos teóricos concorda que a palavra "cosmovisão" nasceu na Alemanha do século 18. Cosmovisão é a tradução da palavra alemã *Weltanschauung,* usada pela primeira vez pelo filósofo iluminista Immanuel Kant em sua obra *Crítica da faculdade do juízo* (1790). Contudo, Kant apenas citou a palavra, mas não desenvolveu seu conceito. Foi apenas no século 19 que as discussões sobre esse assunto ficaram mais profundas.

Especialmente a partir do início do século 20, muitas pessoas se debruçaram sobre esse tema. Um desses pensadores foi Ronald Nash, que em seu livro *Questões últimas da vida* explica que a cosmovisão de uma pessoa determinará como ela pensa cinco grandes áreas da vida. Segundo Nash, a cosmovisão afeta os conceitos sobre Deus, metafísica, epistemologia, ética e antropologia. Vamos entender melhor cada um.

A sua cosmovisão determinará o que você pensa a respeito de Deus: se ele existe ou não, se ele atua ou não na vida das pessoas etc. A epistemologia é a ciência que lida com a questão do conhecimento das coisas; a nossa cosmovisão afetará diretamente a nossa relação com ela, pois, dependendo da maneira como enxergamos o mundo, lidaremos de maneira diferente com o conhecimento. A ética diz respeito às nossas ações a partir do que consideramos certo ou errado, e a cosmovisão tem tudo a ver com isso. Por fim, a antropologia, ou seja, a forma como vemos e tratamos os seres humanos será diretamente afetada pela nossa cosmovisão.

Tudo o que fazemos em nosso cotidiano é influenciado por nossos conceitos a respeito desses assuntos. As decisões que tomamos no trabalho, na rua, no trânsito, nas relações familiares, todas elas estão ligadas aos cinco pontos citados anteriormente. Sendo assim, viver no automático, sem se ligar nessas questões, é correr o risco de ser manipulado ou viver alienado da própria capacidade de decisão.

COSMOVISÃO — MÚLTIPLAS DEFINIÇÕES

Como foi dito anteriormente, existem muitas definições para o conceito de cosmovisão, por isso levantei alguns conceitos propostos por especialistas, a fim de tentarmos aprofundar a discussão sobre o tema. Em cada um dos conceitos, destaco alguns pontos que considero importantes.

As cosmovisões, ainda, situam-se em um nível mais profundo da cultura, pois são elas que dão sustentação e dinamicidade à forma como homens e mulheres significam a vida, visto que assumem um conjunto de pressuposições que fazem parte das explicações que

COSMOVISÃO cristã

pautam suas formas de ver, sentir e agir, ou seja, uma identidade que se destaca em uma coletividade.[2]

Destaco dessa definição duas afirmações: a primeira é que a cosmovisão trabalha os significados da vida, ou seja, fatos corriqueiros significam coisas diferentes dependendo de como a pessoa enxerga a vida; a segunda afirmação, que reforça a primeira, é que a cosmovisão influenciará diretamente a sua forma de ver o mundo ao seu redor.

Para tentar deixar mais claro, vejamos um exemplo. Imagine que acabou de sair uma notícia no jornal a respeito da morte de uma pessoa muito famosa, e os noticiários começam a entrevistar diversas pessoas, questionando a respeito do que acontece depois que uma pessoa morre. A pergunta é a mesma, mas as respostas podem variar muito, dependendo da cosmovisão da pessoa que está sendo entrevistada.

Talvez você já tenha ouvido a palavra *axioma*. O dicionário define o termo como "evidência cuja comprovação é dispensável por ser óbvia; princípio evidente por si mesmo". Nem sempre o axioma é tão óbvio assim, porém, continua sendo aceito. Com as cosmovisões acontece o mesmo — estão muitas vezes baseadas em axiomas a partir dos quais se desenvolve toda a teorização. Vamos a mais uma definição de cosmovisão para nos ajudar na compreensão do conceito:

> A cosmovisão, como um mapa rodoviário, estabelece nossa direção e nos guia pela vida. Como o vento

---

[2]DOMINGUES, Gleyds Silva. *Cosmovisões e projeto político-pedagógico: o sentido da formação humana* (Saarbruck: Novas Edições Acadêmicas, 2015).

soprando pelas árvores, que não pode ser visto,
contudo vivifica e produz movimento. A cosmovisão
infunde vida na comunidade e estabelece sua
dinâmica. Ela diz: "Isso é o que somos".[3]

A metáfora da cosmovisão como um mapa rodoviário é muito interessante, porque nos revela que ela influencia os caminhos que as pessoas tomam no curso da existência. Além disso, o autor aponta que a cosmovisão estabelece a dinâmica da vida, ou seja, não é apenas para onde você está indo, mas a forma e o ritmo com os quais você vai.

Vejamos mais uma definição de cosmovisão:

A cosmovisão não está separada da cultura. Ela está
incluída na cultura como o nível mais profundo de
pressuposições nas quais um povo baseia a sua vida.[4]

O nível mais profundo da cultura de um povo ou de uma pessoa pode ser chamado de cosmovisão. Conforme já mencionei, são as coisas que não vemos que determinam e sustentam aquelas que vemos. Deixe-me tentar ilustrar.

A parte visível de uma casa são suas paredes, suas janelas, suas portas, seu telhado. Mas nada disso estaria de pé se não fosse uma parte invisível da construção: o alicerce.

---

[3]MILLER, Darrow. *Discipulando nações* (Curitiba: Fatoé, 2003), p. 37.

[4]KRAFT, Charles H. *Cultura, cosmovisão e contextualização*, in: Ralph D. Winter, Steven C Hawthorne, Kevin D. Bradford (eds.), *Perspectivas no movimento cristão mundial* (São Paulo: Vida Nova, 2009).

COSMOVISÃO cristã

É por causa dessa parte subterrânea, muitas vezes esquecida pelos moradores da casa, que a construção continua firme. Do mesmo modo, a cosmovisão é o alicerce da vida.

Quero ainda apresentar outra ilustração, para que fique mais claro como a cosmovisão atua em nossa vida. Paul G. Hiebert, em seu livro *Transformando cosmovisões*, apresenta um fato interessante. Ele contrasta o conceito de "pontualidade" para duas nações diferentes: para um britânico, ser pontual é chegar no máximo dez minutos antes do horário marcado para o compromisso; já para um indiano das castas superiores, ser pontual é chegar no mínimo uma hora depois do horário marcado para aquele compromisso. Dentro de suas cosmovisões, os dois estão sendo pontuais; contudo, a prática de ambos é bem diferente. Imagine a confusão se fosse marcada uma reunião entre o britânico e o indiano!

Um dos maiores clássicos da literatura sobre cosmovisão é o livro *O universo ao lado*. Não é possível falar desse assunto sem mencioná-lo, por isso quero trazer uma definição dele também:

> Uma cosmovisão é um comprometimento, uma orientação fundamental do coração, que pode ser expressa como uma história ou um conjunto de pressuposições (hipóteses que podem ser total ou parcialmente verdadeiras ou totalmente falsas), que detemos (consciente ou subconscientemente, consistente ou inconsistentemente) sobre a constituição

COSMOVISÃO

básica da realidade e que fornece o alicerce sobre o qual vivemos, movemos e possuímos nosso ser.[5]

Você percebeu como as pessoas estão comprometidas com a sua cosmovisão? Isso significa que elas tomarão decisões com base nesses conceitos e, algumas vezes, farão isso sem perceber. Esse é o grande problema.

É como se as diversas cosmovisões fossem óculos com lentes de diferentes cores. Se uma pessoa coloca óculos com lentes amarelas, então o mundo passará a ser amarelo para ela; se os óculos têm lentes vermelhas, então tudo passa a ser vermelho, e assim por diante. É por isso que o assunto é tão importante, porque a sua cosmovisão determinará a forma como você encarará a vida.

James Sire afirma que a cosmovisão responderá a sete perguntas essenciais da vida de todos os seres humanos:

1. O que é primordial? O que é realmente verdadeiro?
2. Qual a natureza da realidade externa, isto é, do mundo que nos rodeia?
3. O que é o ser humano?
4. O que acontece a uma pessoa quando ela morre?
5. Por que é possível conhecer alguma coisa?
6. Como sabemos o que é certo e errado?
7. Qual é o significado da história humana?[6]

---

[5]SIRE, James W. *O universo ao lado: um catálogo básico sobre cosmovisão*, 4. ed. (São Paulo: Hagnos, 2009), p. 16.

[6]Idem, p. 19-21.

COSMOVISÃO cristã

Deixe-me dar um exemplo. Dentre as muitas cosmovisões existentes, quero destacar três — o ateísmo, o panteísmo e o teísmo — e fazer a elas a seguinte pergunta: "Por que o ser humano existe?". Vejamos como cada uma dessas cosmovisões responderia.

- O ateísmo diria: o ser humano é apenas o fruto do acaso num universo fechado.
- O panteísmo diria: o ser humano é particularização divina, como todo o mundo finito.
- O teísmo diria: o ser humano é a criação especial, distinto de toda criação não pessoal.

A COSMOVISÃO CRISTÃ

Acredito que o conceito de cosmovisão tenha ficado claro até aqui. Também deve ter ficado claro que, independentemente de qual seja a cosmovisão do leitor, ela afetará cada pequeno e grande aspecto de sua vida. Portanto, agora quero falar de maneira específica da minha cosmovisão, que também é a cosmovisão da maioria dos brasileiros e de um terço do mundo: a cosmovisão cristã.

Ela está baseada na Bíblia, ou seja, não existe cosmovisão cristã sem o texto bíblico como base para as decisões da vida. Podemos dividir a cosmovisão cristã em três partes, que seriam suas três colunas: criação, queda e redenção. Vamos a um resumo de cada uma delas.

Primeira coluna: a criação

Parece ser muito correta a afirmação de que "a mensagem cristã não começa com 'Aceite a Jesus como Salvador', mas

COSMOVISÃO

com 'No princípio, criou Deus os céus e a Terra'".[7] É consenso entre os estudiosos da cosmovisão cristã que tudo começa com a compreensão da criação divina.

Hoje é relativamente comum ouvirmos explicações alternativas para a origem da vida e do universo. Algumas delas, inclusive, tentam mesclar a explicação bíblica com o modelo evolucionista, criando o que se conhece por evolucionismo-teísta, segundo o qual Deus estaria conduzindo o processo ao longo da evolução.

A Bíblia, no entanto, afirma que Deus criou tudo em seis dias e que as coisas se fizeram pela força de sua palavra. A negação da visão criacionista da origem da vida causa um decréscimo no valor ontológico dos seres humanos, pois essa noção do valor da vida só pode ser sustentada com base no conceito criacionista de origem. A partir da narrativa bíblica de que Deus criou tudo em seis dias e no sétimo descansou, encara-se tanto o valor que o ser humano tem como a sua função na terra. Há um mandato cultural dado por Deus aos seres humanos no livro de Gênesis. "Deus os abençoou, e lhes disse: 'Sejam férteis e multipliquem-se! Encham e subjuguem a terra! Dominem sobre os peixes do mar, sobre as aves do céu e sobre todos os animais que se movem pela terra'" (Gênesis 1:28). Essa ordem de Deus aos seres humanos não é uma autorização de exploração predatória, mas uma tarefa de cuidado com a natureza.

O Criador fez uma natureza perfeita, mas não encerrou a possibilidade de que novas coisas fossem desenvolvidas

---

[7]PEARCEY, Nancy. *Verdade absoluta: libertando o cristianismo de seu cativeiro cultural* (Rio de Janeiro: CPAD, 2017), p. 49.

COSMOVISÃO cristã

a partir daquilo que ele já havia criado (cultura). Era parte da tarefa da humanidade, no mundo perfeito, modificar e criar a partir daquilo que Deus havia criado. Essa possibilidade de criar faz parte da imagem de Deus colocada nos seres humanos.

Nesse sentido, o mandato cultural é algo intrinsecamente religioso, e, portanto, ao produzir cultura, o homem está apenas cumprindo a vontade de Deus. É lógico que a cultura produzida em um mundo perfeito seria perfeita; por outro lado, a cultura produzida em um mundo imperfeito acaba também sendo imperfeita. Sob esse prisma, a cultura produzida pelo homem precisa estar submetida aos princípios estabelecidos por Deus em sua Palavra. Em um mundo imperfeito, a Bíblia se torna a régua para classificar a cultura que agrada a Deus.

Segunda coluna: a Queda

A natureza humana era perfeita e estava em harmonia com todos os outros seres criados; porém, após a Queda, o ser humano quebrou seus quatro níveis de relacionamento. Em primeiro lugar, foi quebrado o relacionamento com Deus, pois o ser humano se escondeu de Deus e teve medo dele (Gênesis 3:10). Em segundo lugar, foi quebrado o relacionamento do ser humano com o próximo, pois, logo após a Queda, Adão jogou a culpa do erro sobre sua mulher (Gênesis 3:12). Em terceiro lugar, foi quebrado o relacionamento do ser humano consigo mesmo, pois o primeiro casal teve vergonha de seu próprio corpo (Gênesis 3:7). E, em quarto lugar, foi quebrado o relacionamento do ser humano com a natureza, quando foi necessário o sacrifício de dois animais para que fossem produzidas roupas para cobrir a nudez humana (Gênesis 3:21).

Daquele episódio fatídico em diante, o ser humano transformou-se em um ser caído, condenado à morte eterna e separado de Deus. Sua natureza passou a ser propensa ao mal e destituída de bondade intrínseca. O mal tornou-se uma realidade a ser enfrentada no planeta Terra por todas as pessoas e, ainda, uma questão filosófica de difícil solução. "O problema do mal é reconhecidamente complexo, mesmo nas páginas da Bíblia."[8] Quando se olha para as tragédias que acontecem no planeta e na vida particular das pessoas, deve-se colocar tudo no molde da entrada e existência do pecado e da condição caída dos humanos, pois só assim será possível ter-se a compreensão correta a respeito dos fenômenos que ocorreram e que ocorrem na humanidade, especialmente aqueles que foram ou são geradores de dor e sofrimento.

Terceira coluna: a redenção

A terceira referência que forma a lente através da qual um cristão enxerga a vida é a redenção. Desde que o mal entrou no mundo, Deus começou um esforço para que ele seja erradicado e para que a humanidade volte à condição que tinha no Éden, antes do pecado. Esse esforço passou pelos episódios da formação de um povo que representaria Deus na terra (os hebreus) e, mais completamente, pelo evento da vida, morte e ressurreição de Cristo. Disso resulta o trabalho de Jesus como intercessor e, por fim, a expectativa de sua segunda vinda.

---

[8]SILVA, Rodrigo Pereira. *O ceticismo da fé: Deus: uma dúvida, uma certeza, uma distorção* (São Paulo: Ágape, 2018), p. 493.

COSMOVISÃO cristã

O próprio Cristo colocou em evidência o objetivo divino como meta de seu ministério terreno. Em diálogo com Nicodemos, o Mestre afirmou: "Porque Deus amou ao mundo de tal maneira que deu seu filho unigênito para que todo aquele que nele crê não pereça, mas tenha a vida eterna" (João 3:16). Esse texto bíblico é uma espécie de resumo do plano de redenção, e é a perspectiva da redenção que deve fazer parte do olhar cristão para o mundo, no sentido de ajudá-lo a interpretar os acontecimentos que se fazem presentes na ordem planetária.

O conceito de redenção precisa ser bem compreendido para que possa ser aplicado como base da cosmovisão cristã. A redenção, que se materializou na cruz e se concretizará na volta de Jesus, serve como consolo e incentivo para que os cristãos continuem vivendo o evangelho de Cristo na terra. Sendo assim, ao aceitar essa missão, o cristão faz com que ela reflita o sentido da vida que foi revelado em Cristo, porque compreende que isso não é fruto do acaso, mas do amor de Deus.

Baseados nessas três colunas (criação, Queda e redenção), os cristãos olham e interpretam toda a vida. Contudo, aconteceu um fato estranho e que comprometeu o cristianismo de muitas pessoas, e é sobre isso que quero falar um pouco no tópico a seguir.

COMPARTIMENTALIZAÇÃO DA VIDA

Alguns cristãos compartimentalizaram a vida, fazendo uma dicotomia entre o que é sagrado e o que é secular. Essa dicotomia gerou um cristianismo anômalo, ou seja, completamente diferente daquilo que é apresentado na Bíblia.

COSMOVISÃO

Alguns cristãos têm uma divisão bem clara entre o tempo sagrado e o tempo secular, entre os lugares sagrados e os lugares seculares — na prática funciona assim. Nos momentos em que estão na igreja, essas pessoas usam linguagem cristã, gestos cristãos, ouvem e cantam músicas cristãs, ventem-se de acordo com a cosmovisão cristã etc. Mas, quando acaba o "momento sagrado" e, então, começa o "momento secular", não se preocupam com o tipo de música que ouvem, com o tipo de roupa que vestem, com suas palavras, com a forma como se relacionam com as pessoas; enfim, não existe cristianismo nesses momentos.

Contudo, a Bíblia apresenta uma vida cristã integral, indivisível. Na visão bíblica da vida, todos os momentos são sagrados, porque o que torna um momento sagrado é a presença de Deus, e ele está em todos os momentos com um cristão. Na cosmovisão cristã, o trabalho, o esporte, o namoro, o entretenimento e todas as outras facetas da vida deveriam ser encaradas como tempo sagrado, pois Deus está conosco; sua Palavra seria o filtro através do qual enxergaríamos todas essas atividades.

Se a cosmovisão cristã é aquela que nós escolhemos para dar base à nossa vida, então ela precisa estar presente em todos os momentos da existência, e aqui mora o compromisso que temos de fazer. Ninguém é obrigado a entregar a vida a Cristo, mas, se você decidiu ser um cristão, submeta cada centímetro da sua vida ao senhorio de Cristo e de sua Palavra, pois só assim você poderá dizer que possui uma cosmovisão cristã.

COSMOVISÃO cristã

O TITANIC PARTICULAR DE CADA UM

Infelizmente, muitos cristãos estão sendo destruídos pelas questões que estão abaixo da superfície. Existem *icebergs* filosóficos que estão rachando a carcaça espiritual que nos protege. E, como o Titanic, tem muita gente afundando no mar filosófico que é este mundo. Portanto, decida que as suas bases estarão seguras ao escolher a visão de Cristo como aquela que vai reger a sua vida.

CAPÍTULO 2

CULTURA

Você já ouviu alguém dizendo que temos que ter cuidado com a cultura? Que a cultura é ruim e que, portanto, o cristão deve se manter longe dela? Neste capítulo, vamos descobrir se essas preocupações fazem sentido, e o primeiro passo é entendermos o que é cultura e como o cristão deve se relacionar com ela. A melhor forma de nos aprofundarmos nesse assunto é pensá-lo sob a ótica cristã.

O QUE É CULTURA?

Existem muitas controvérsias no mundo cristão quando o assunto é o relacionamento com a cultura. Alguns defendem que devemos manter uma distância segura da cultura, ao passo que outros defendem que devemos nos afastar completamente dela. Essas diferenças de pensamentos acontecem, inicialmente, porque há uma falha em compreender a definição de cultura. Podemos defini-la como tudo aquilo que é produzido pelo ser humano, sejam coisas materiais, sejam coisas imateriais. Assim, a cadeira, o carro, a música, as artes plásticas e tudo mais que é produzido pela ação humana formam o que chamamos de cultura.

Para entendermos melhor o conceito de cultura, podemos fazer uma comparação com a ideia de criação. Deixe-me explicar. Criação é tudo aquilo que saiu das mãos de Deus ou diretamente de uma ordem dele: o vento, as flores, as árvores, o átomo, a água etc. Partindo dessas definições, vamos exemplificar os conceitos:

- O vento é criação; a energia eólica é cultura.
- A água é criação; o suco é cultura.
- A árvore é criação; a cadeira é cultura.

- O som é criação; a música é cultura.
- A areia é criação; o tijolo é cultura.
- O algodão é criação; a roupa é cultura.

Acredito que esses exemplos deixam o conceito de cultura mais claro; tudo aquilo que o ser humano produz é cultura.

Uma consequência direta desse entendimento é que não conseguimos fugir da cultura. Ninguém pode viver à parte da cultura, porque ela está em todos os lugares. Cada ser humano produz cultura, a igreja produz cultura, as instituições produzem cultura, a família produz cultura. Estamos inseridos na cultura.

O MANDATO CULTURAL

Há um mandato cultural dado por Deus aos seres humanos em Gênesis: "Deus os abençoou e lhes disse: 'Sejam férteis e multipliquem-se! Encham e subjuguem a terra! Dominem sobre os peixes do mar, sobre as aves do céu e sobre todos os animais que se movem pela terra'" (1:28). Essa ordem divina não é uma autorização de exploração predatória, mas uma tarefa de cuidado com a natureza.

É importante entender que o mandato cultural recebido pelo ser humano não indica que o homem tenha o direito de fazer o que bem entender da natureza, proporcionalmente à capacidade que lhe foi dada como algo potencial. Devemos, nesse sentido, dar continuidade à história recém-criada, ou seja, o ser humano, de certa forma, daria continuidade ao ato criador de Deus, desenvolvendo a cultura a partir da criação original.

COSMOVISÃO cristã

Andrew Sandlin faz uma diferenciação entre criação e cultura. Para ele, criação é tudo o que saiu das mãos de Deus e cultura é tudo o que o ser humano vier a produzir a partir da criação de Deus.[1] Nesse sentido, o limão não é cultura, mas a limonada, sim. O vento não é cultura, mas a energia eólica, sim. O mandato cultural foi dado aos seres humanos quando o mundo ainda era perfeito; faz parte da perfeita vontade de Deus que os seres humanos produzam cultura.

O criador fez uma natureza perfeita, mas não encerrou a possibilidade de que novas coisas fossem desenvolvidas a partir daquilo que ele já havia criado (cultura).

É interessante que o próprio Deus deu capacidade para que alguns seres humanos lidassem bem, por exemplo, com a produção de artesanato. Acompanhe este texto bíblico:

> Disse então Moisés aos israelitas: "O Senhor escolheu Bezalel, filho de Uri, neto de Hur, da tribo de Judá, e o encheu do Espírito de Deus, dando-lhe destreza, habilidade e plena capacidade artística, para desenhar e executar trabalhos em ouro, prata e bronze, para talhar e lapidar pedras, entalhar madeira para todo tipo de obra artesanal. E concedeu tanto a ele como a Aoliabe, filho de Aisamaque, da tribo de Dã, a habilidade de ensinar os outros. A todos esses deu capacidade para realizar todo tipo de obra como artesãos, projetistas, bordadores de linho fino e de fios de tecido azul, roxo e

---

[1]SANDLIN, Andrew. *Cultura cristã: uma introdução* (Brasília: Monergismo, 2016), p. 45.

CULTURA

vermelho, e como tecelões. Eram capazes para projetar e executar qualquer trabalho artesanal" (Êxodo 35:30-35).

Deus se compraz em ver os seres humanos produzindo cultura para a sua glória, e para isso os capacita, como vimos no texto apresentado anteriormente. Contudo, a contaminação da cultura pelo pecado fez com que a comunicação intercultural se tornasse um desafio. Algumas vezes, o diálogo entre culturas diferentes é bem tenso e, em outras vezes, ele se torna quase impossível. Por isso, quando vamos comunicar o evangelho, precisamos nos preocupar com uma questão importante: a contextualização.

A necessidade da contextualização

Diante do cenário filosófico atual, a contextualização da mensagem do evangelho é uma necessidade urgente. É preciso que fique claro que a contextualização da mensagem não significa distorção de princípios bíblicos, mas apenas uma maneira atual de apresentá-los, de tal forma que facilite a compreensão para os ouvintes do século 21.

A contextualização é algo real quando falamos do evangelho e da sua pregação. Mesmo os livros bíblicos demonstram que é necessária essa adaptação da forma de transmissão da mensagem que vai ser pregada em todo o mundo. Um exemplo disso é o livro do Apocalipse, quando diz que toda tribo, nação, língua e povo estarão juntos no dia da volta de Jesus. O texto não une todos sob uma só égide de cultura, mas admite que há povos, tribos e línguas que receberam a mensagem e aceitaram o Cristo que virá em glória naquele dia.

COSMOVISÃO cristã

Outro exemplo real da necessidade de aproveitar a cultura dentro daquilo em que ela não se contrasta com o evangelho aconteceu no século 19, no contexto do avanço evangelístico por todo o mundo. Naquele período, a cultura não apenas não foi combatida, mas foi necessária para o avanço do evangelho.

> Quase todos aqueles teólogos famosos do século 19 diriam que o que quer que houvesse no cristianismo que não fosse compatível com a modernidade seria descartado como superstição, como relíquia de um tempo passado, quando as pessoas não pensavam criticamente, mas se submetiam à autoridade. Tudo isso não passava de deturpação do cristianismo, produto do obscurantismo medieval e da atitude totalitária do catolicismo romano.[2]

A cultura é o meio no qual a mensagem do evangelho se propaga; portanto, não existe a possibilidade de pregar a mensagem bíblica desvinculada da cultura do local onde ela está sendo pregada. Precisamos considerar que:

> Toda tentativa de comunicação do Evangelho, desde o início do cristianismo, se deu por vias culturais. Isso sem deixar de mencionar o processo de revelação divina que inclui a tradição oral e as Escrituras.[3]

---

[2]GONZÁLEZ, Justo. *Cultura e evangelho: o lugar da cultura no plano de Deus* (São Paulo: Hagnos, 2011), p. 26.

[3]ALMEIDA, Marcos Orison Nunes de. *Contextualização do evangelho e cultura* (FTSA, 2015), p. 53.

CULTURA

Sendo assim, devemos trabalhar dentro da cultura para que a mensagem bíblica, junto com sua cosmovisão, penetre e transforme os aspectos culturais que precisam ser mudados. Por isso, devemos evitar os extremos ao lidarmos com as questões culturais.

Richard Niebuhr descreve três atitudes que podemos ter com relação à cultura. A primeira é a absorção total, ou seja, sem nenhum critério: todos os aspectos culturais são incorporados à vida cristã e sua mensagem, uma atitude de extremo risco para a integridade do evangelho. A segunda atitude está no outro extremo: é a rejeição total da cultura. Essa atitude pode causar prejuízos à pregação cristã por desconsiderar aspectos importantes que contribuiriam com a missão de Deus. Ambas as atitudes mencionadas devem ser evitadas.

A cultura não é algo ruim em si, mas está contaminada pelo pecado, por isso as diferentes culturas pedem uma análise cuidadosa e uma contextualização feita com sabedoria.

Exemplos bíblicos de contextualização

A Bíblia nos apresenta exemplos de contextualização da mensagem, o que sugere que também podemos e devemos fazer o mesmo nos dias atuais. O espaço não permite uma análise detalhada de cada episódio, porém, serão expostos os princípios básicos de cada passagem.

O Pentecoste

No início da igreja cristã (como hoje ainda), a mensagem precisava ser pregada para as diversas nações do mundo, e Deus escolheu começar a cumprir a sua missão (*Missio Dei*) em um ambiente multicultural. O relato bíblico diz o seguinte:

COSMOVISÃO cristã

> Chegando o dia de Pentecoste, estavam todos reunidos num só lugar. De repente veio do céu um som, como de um vento muito forte, e encheu toda a casa na qual estavam assentados. E viram o que parecia línguas de fogo, que se separaram e pousaram sobre cada um deles. Todos ficaram cheios do Espírito Santo e começaram a falar noutras línguas, conforme o Espírito os capacitava. Havia em Jerusalém judeus, tementes a Deus, vindos de todas as nações do mundo. Ouvindo-se este som, ajuntou-se uma multidão que ficou perplexa, pois cada um os ouvia falar em sua própria língua. Atônitos e maravilhados, eles perguntavam: "Acaso não são galileus todos estes homens que estão falando? Então, como os ouvimos, cada um de nós, em nossa própria língua materna?" (Atos 2:1-8).

O Espírito Santo tinha a opção de fazer a pregação naquele momento de diversas formas, mas escolheu pregar a mensagem na língua materna de cada um daqueles que estavam em Jerusalém. Esse método possibilitou uma rápida expansão da mensagem e um recado claro: Deus gostaria de trabalhar sua mensagem em cada cultura do mundo. Naquele episódio, houve contextualização linguística da mensagem.

> Muitos dos presentes, embora de religião judaica, haviam nascido em outras terras e cresceram falando o idioma de sua região natal. A lista (v. 9-11) revela que o autor era um historiador capacitado, que havia pesquisado as nações representadas na ocasião. Mais tarde, ele

CULTURA

mesmo participou de pelo menos um Pentecostes (At 21:15) e conhecia o tipo de multidão que se reunia nessa época festiva. Lucas observa uma sequência ao mencionar as nações, como se estivesse fazendo um mapa aéreo mental do Império Romano. Com a Palestina no centro, ele se voltou primeiramente para o leste, depois passou para o norte, o oeste e o sul. Assim se justifica a referência a "todas as nações debaixo do céu"[4]

Nesse episódio tão significativo para a história da igreja cristã, o Espírito Santo deu um exemplo de contextualização no processo de transmissão da mensagem bíblica. A igreja cristã atual deve ter a mesma atitude diante dos desafios linguísticos, comportamentais e ambientais nos locais de evangelização.

A cura do aleijado no templo

Certo dia, Pedro e João estavam subindo ao templo na hora da oração, às três da tarde. Estava sendo levado para a porta do templo chamada Formosa um aleijado de nascença, que ali era colocado todos os dias para pedir esmolas aos que entravam no templo. Vendo que Pedro e João iam entrar no pátio do templo, pediu-lhes esmola. Pedro e João olharam bem para ele e, então, Pedro disse: "Olhe para nós!". O homem olhou para eles com atenção, esperando receber deles alguma coisa. Disse Pedro: "Não

---

[4]*Comentário Bíblico Adventista do Sétimo Dia*, editor da versão em inglês Francis D. Nichol, editor da versão em português Vanderlei Dorneles (Tatuí: Casa Publicadora Brasileira, 2014). Série Logos; vol. 5, p. 128.

COSMOVISÃO cristã

tenho prata nem ouro, mas o que tenho, isto lhe dou. Em nome de Jesus Cristo, o Nazareno, ande" (Atos 3:1-6).

Nesse trecho bíblico, observamos que o milagre foi realizado enquanto os apóstolos estavam indo para a oração da hora nona, uma atividade característica da cultura judaica. Isso indica que a cultura materna dos apóstolos de Cristo não foi completamente rejeitada. Alguns aspectos foram mantidos, enquanto outros foram substituídos.

Paulo e a cultura

Vejamos agora dois episódios em que o apóstolo Paulo dá claras indicações de que aproveitava os aspectos culturais para o avanço da pregação do evangelho em seu tempo. No primeiro deles, "Paulo tinha decidido não aportar em Éfeso, para não se demorar na província da Ásia, pois estava com pressa de chegar a Jerusalém, se possível antes do dia de Pentecoste" (Atos 20:16).

Outro episódio paulino que retrata a necessidade da contextualização está na passagem seguinte:

> Porque, embora seja livre de todos, fiz-me escravo de todos, para ganhar o maior número possível de pessoas. Tornei-me judeu para os judeus, a fim de ganhar os judeus. Para os que estão debaixo da lei, tornei-me como se estivesse sujeito à lei, (embora eu mesmo não esteja debaixo da lei), a fim de ganhar os que estão debaixo da lei. Para os que estão sem lei, tornei-me como sem lei (embora não esteja livre da lei de Deus, mas sim sob a lei de Cristo), a fim de ganhar os que não têm a lei. Para

CULTURA

com os fracos tornei-me fraco, para ganhar os fracos. Tornei-me tudo para com todos, para de alguma forma salvar alguns. Faço tudo isso por causa do evangelho, para ser coparticipante dele (1Coríntios 9:19-23).

Destaca-se dessa passagem que a contextualização à qual Paulo se submetia era feita "por causa do evangelho". A contextualização é um imperativo bíblico. É perceptível a vontade de Paulo de traduzir a mensagem do evangelho para a linguagem cultural do grupo para o qual ele iria pregar.

Tudo o que Paulo fazia, sua pronta adaptação a circunstâncias particulares e sua disposição para ser tolerante e paciente tinha um só objetivo: a salvação dos que aceitariam o evangelho. Não se expressava acreditando que todos se salvariam, pois sabia que muitos não creriam (Romanos 9:27; 11:5). Com o ato de se adequar aos costumes, hábitos e opiniões das diversas classes de pessoas a fim de que pudesse salvar algumas, Paulo seguiu de perto o modelo estabelecido pelo Salvador, sobre quem o profeta escreveu: "Não esmagará a cana quebrada" (Isaías 42:3). Adaptação é uma qualidade útil ao ministério. Ela possibilita trabalhar como Jesus trabalhava: nos lares dos pobres e ignorantes, no mercado entre negociantes, nas festas e entretenimentos dos ricos e no diálogo com os sábios.[5]

---

[5]*Comentário Bíblico Adventista do Sétimo Dia*, editor da versão em inglês Francis D. Nichol, editor da versão em português Vanderlei Dorneles (Tatuí: Casa Publicadora Brasileira, 2014). Série Logos; vol. 6, p. 808.

COSMOVISÃO cristã

Jesus se contextualizou

Por fim, o maior exemplo de contextualização da mensagem está no próprio Cristo. O evangelista afirmou: "No princípio era aquele que é a Palavra. Ele estava com Deus, e era Deus. Ela estava com Deus no princípio. Todas as coisas foram feitas por intermédio dele; sem ele, nada do que existe teria sido feito" (João 1:1-3). Alguns versículos depois, ele continua: "Aquele que é a Palavra tornou-se carne e viveu entre nós. Vimos a sua glória, glória como do Unigênito vindo do Pai, cheio de graça e de verdade" (João 1:14).

> João afirmara a divindade de Cristo e, então, afirma Sua verdadeira humanidade. Cristo é divino no sentido absoluto e irrestrito da palavra; também é humano no mesmo sentido, exceto pelo fato de que "não conheceu pecado" (2Coríntios 5:21). As Escrituras, de forma repetida e enfática, proclamam esta verdade fundamental (ver Lucas 1:35; Hebreus 1:3; 8:3; Colossenses 4:4; Filipenses 2:6-8; Colossenses 2:9; 1Timóteo 3:16; Hebreus 1:2, 8; 2:14-18; 10:5; João 1:2 etc. Embora Cristo existisse originalmente "em forma de Deus", Ele não considerou a igualdade com Deus algo a que devesse Se agarrar. Em vez disso, Ele "Se esvaziou" e, "tornando-Se em semelhança de homens", foi "reconhecido em figura humana" (Filipenses 2:6,7).[6]

Jesus se tornou um humano entre humanos para que todos pudessem compreender quem é Deus e qual a sua

---

[6] Idem, p. 994.

mensagem mais direta aos seres humanos. A encarnação de Cristo é, sem dúvida, o maior exemplo de contextualização da mensagem e do mensageiro que se pode encontrar na Bíblia.

Ao analisarmos a encarnação de Cristo, podemos perceber que, ao se tornar humano, ele não adere a todas as características dos humanos de sua época, pois não veio com a natureza humana caída. Em outras palavras, Cristo se contextualizou até o limite do que seria possível sem quebrar os princípios estabelecidos por ele mesmo.

Ao longo da história do cristianismo, é possível ver a necessidade da contextualização da mensagem bíblica, e a própria Bíblia dá indícios dessa necessidade. Esse processo deve ser feito evitando-se os excessos: nem se deve aderir à cultura indiscriminadamente, nem se deve rejeitar a cultura completamente. A cultura deve ser analisada e utilizada dentro do que não fere os princípios bíblicos.

O PECADO E A CONTAMINAÇÃO DA CULTURA

Quando Deus criou todas as coisas e nos mandou produzir cultura, esta seria perfeita. Podemos afirmar isso porque ela seria fruto de uma natureza perfeita (matéria-prima) e de uma mente perfeita (a mente humana antes do pecado), e tudo o que o ser humano produziu antes do episódio da Queda era perfeito, ou seja, a cultura era perfeita.

Contudo, o pecado entrou na história da humanidade e contaminou tudo. A natureza ficou contaminada, a mente humana ficou contaminada e, consequentemente,

COSMOVISÃO cristã

a cultura passou a estar contaminada. Depois do pecado, nada, absolutamente nada do que o ser humano produza — material ou imaterial — é perfeito. Tudo está contaminado pelo pecado; portanto, não é todo tipo de cultura que pode ser usada para louvar a Deus.

A MANEIRA SEGURA DE LIDAR COM A CULTURA

Diante dessa constatação, como podemos lidar com a cultura? Quais critérios podemos usar para julgar a cultura com a qual entraremos em contato e a cultura que evitaremos? Só há uma maneira de andarmos com segurança nos labirintos da cultura terrena: estarmos cada vez mais alicerçados na Palavra de Deus.

A Bíblia é a nossa única fonte segura de critérios para sabermos o que podemos e o que não devemos aproveitar da cultura humana. É por isso que a ênfase da vida do cristão deve ser conhecer cada vez mais a vontade de Deus revelada nas Escrituras. Sendo assim, estude cada vez mais a Bíblia, pois nunca será demais e sempre haverá algo para descobrir.

A FUTURA REMISSÃO DA CULTURA

Muito em breve Jesus voltará, e ele recriará a natureza e redimirá os seres humanos. A partir desse dia, a cultura também será redimida, de modo que o ser humano vai produzir coisa materiais e imateriais perfeitas, e poderemos nos relacionar sem receios com a cultura. Até lá, mantenha-se o mais próximo possível da vontade de Deus para a sua produção e uso da cultura.

CAPÍTULO 3

CIBER CULTURA

Existem dois termos interdependentes em sua compreensão: ciberespaço e cibercultura. O primeiro precisa do segundo, e vice-versa, para que faça sentido e seja entendido em sua plenitude. Lévy define ciberespaço como:

> [...] o novo meio de comunicação que surge da interconexão mundial de computadores. O termo especifica não apenas a infraestrutura material da comunicação digital, mas também o universo oceânico de informações que ela abriga, assim como os seres humanos que navegam e alimentam esse universo.[1]

Neste capítulo vamos pensar juntos a respeito desse fenômeno tão atual e abrangente chamado "cibercultura". Vamos analisá-lo sob a ótica do cristianismo e ver como podemos ser cristãos verdadeiros nesse período em que vivemos.

A CIBERCULTURA E SUA INFLUÊNCIA NA SOCIEDADE ATUAL

O mundo hoje tem algumas grandes empresas de tecnologia que são mundialmente conhecidas e possuem um grande poder mundial irradiado por meio das redes de computadores. As mais destacadas são o Google e o Facebook, duas multinacionais que influenciam o planeta de maneira muito mais forte do que a maioria das pessoas pode perceber.

---

[1]LÉVY, Pierre. *Cibercultura* (São Paulo: Editora 34, 2010), p. 17.

CIBERCULTURA

É bastante interessante a proposta expressa pela seguinte frase: "Explore as oportunidades e implicações das tecnologias exponenciais e conecte-se com um ecossistema global que está moldando o futuro e resolvendo os mais urgentes problemas do mundo".[2] Essa sentença está na página inicial do site da Singularity University [Universidade da Singularidade] e demonstra a filosofia por trás desse movimento. Segundo Franklin Foer, a ideia dessa universidade é salvar o mundo por intermédio da tecnologia. Nesse diapasão, o ciberespaço seria o ambiente onde o mundo resolveria seus problemas e chegaria a um patamar superior de existência.[3]

A Universidade da Singularidade, fundada pela Nasa e pelo Google, tem formado muitos jovens com a mentalidade cibercultural, difundindo a certeza de que a salvação para o mundo está na tecnologia. O site do jornal *Extra* explica que "o termo 'singularidade' — popularizado após a publicação em 2005 do livro *A singularidade está próxima*, de Kurzweil — representa um período de grande avanço tecnológico".[4]

Os defensores dessa ideia fundamentam suas afirmações na velocidade das descobertas científicas em várias áreas do pensamento, como a informática, a astronomia, a

---

[2]"Explore the opportunities and implications of exponential technologies and connect to a global ecosystem that is shaping the future and solving the world's most urgent problems". Disponível em: https://su.org.

[3]FOER, Franklin. *O mundo que não pensa* (Rio de Janeiro: Leya, 2018), p. 51-3.

[4]Disponível em: https://extra.globo.com/noticias/saude-e-ciencia/google-nasa-fundam-universidade-da-singularidade-destinada-estudar--futuro-231217.html.

COSMOVISÃO cristã

nanotecnologia e a biotecnologia. As promessas e os esforços desse grupo de pensadores são muito semelhantes ao que é descrito no livro de Apocalipse, após a volta de Jesus. Estaria a cosmovisão cibernética tentando substituir a cosmovisão cristã-bíblica? Não temos uma resposta, mas é um bom motivo para pensar sobre o que virá.

Por sua vez, observa-se que o Google tem buscado uma abrangência cada vez maior na vida cotidiana das pessoas. Pensar nessa empresa apenas como um site de busca de informações online é ingenuidade cibernética, pois ela trabalha em projetos muito mais arrojados e que afetam outros aspectos da vida. Uma das áreas em que o Google tem investido pesado é na área de Inteligência Artificial (IA), cujo cerne é construir máquinas que possam simular o raciocínio humano.

O Google trabalha com a filosofia de implantar a cibercultura em âmbito mundial e transformar a IA na principal forma de "raciocínio" da humanidade. Além disso, a empresa pretende subjugar o pensamento humano ao "pensamento digital" e condicionar a forma humana de pensar o mundo. Essas aspirações afetam de maneira direta o estudo da Bíblia, pois a mensagem do evangelho precisa ser "digerida" pela mente humana com calma, e não terceirizada a uma máquina.

A segunda empresa de tecnologia que tem se mostrado poderosa é o Facebook, que pode ser tomada como representante das redes sociais como um todo. Foer defende que essa empresa trabalha contra o livre-arbítrio dos seres humanos, na medida em que direciona o que os seus usuários

CIBERCULTURA

lerão e assistirão.[5] Existe uma aparente liberdade de se expressar, que não era uma realidade na época em que a televisão era o principal meio de comunicação. A principal diferença é que televisão promove passividade, pois o telespectador apenas recebe a informação pronta, ao passo que, nas redes sociais, existe a possibilidade de interação com a notícia.

Há, no entanto, algumas observações que podem ser feitas quanto a essa liberdade das redes sociais. A primeira é que, pelo menos no Facebook, ela é aparente. "A verdade é que o Facebook é um emaranhado de regras e procedimentos para selecionar informações, e essas regras são desenvolvidas pela empresa, para benefício final da dela."[6] Isso indica que não existe liberdade real de acesso à informação, já que a empresa direciona os conteúdos que ela quer para os usuários. "O problema é que, quando terceirizamos o raciocínio para a máquina, na verdade estamos terceirizando o raciocínio para as organizações que operam as máquinas."[7]

A segunda observação sobre as redes sociais é que o seu efeito de dar voz e opinião para todas as pessoas também gerou um sentimento de que elas podem e devem questionar tudo. O problema é quando se começa a questionar e desconfiar da Bíblia e de seus princípios.[8] Essa é uma forma

---

[5] *O mundo que não pensa*, p. 59.

[6] Idem.

[7] Idem, p. 72.

[8] Não desconsidero a importância de ter dúvidas e correr atrás de respostas. Isso é saudável, inclusive com a Bíblia. O que é preocupante é o espírito pós-moderno, potencializado pelas redes sociais, de não dar credibilidade aos textos, de vê-los como mera construção social.

COSMOVISÃO cristã

de ver o mundo (cosmovisão) que entra em confronto direto com a cosmovisão cristã-bíblica, por isso é importante pensar, inclusive, a respeito da relação do usuário com as redes sociais, pois "poderíamos dizer que o Facebook está sempre fazendo pequenos reparos quanto à forma como seus usuários enxergam o mundo".[9] Os algoritmos do Facebook[10] são um fator de quebra de livre-arbítrio, pois guiam os usuários numa direção que eles não escolheram, porém sempre com o cuidado de deixar transparecer que tudo acontece a partir da escolha desses usuários. Quando se coloca essa situação em confronto (ou comparação) com a cosmovisão cristã-bíblica, consegue-se avaliar o quanto a cibercultura oferece um risco ao que Deus planejou para seus filhos. Enquanto Deus quer que o ser humano desenvolva autonomia de pensamento e livre-arbítrio, a cibercultura conduz as pessoas para o caminho inverso, em que elas são manipuladas e têm sua liberdade alienada pelos algoritmos, o que acontece, em última instância, para servir a uma empresa de tecnologia.

A terceira observação que pode ser feita a respeito da influência das redes sociais diz respeito à necessidade do "sempre novo". Uma das ferramentas das redes sociais para atrair as pessoas é que os *feeds* estão sempre se renovando e apresentando novidades para o usuário. Franklin Foer desenvolve um capítulo inteiro lamentando o fato de que o jornalismo se rendeu ao sistema das mídias sociais,

---

[9] *O mundo que não pensa*, p. 74.

[10] Algoritmos seriam, numa linguagem mais simples, as regras usadas pelas redes sociais para determinar o que seus usuários verão ou não em suas telas.

CIBERCULTURA

e ele atribui o declínio da profissão à pressão das redes sociais.[11] Diante dessa constatação, o que deve preocupar os cristãos, nesse ponto, é que essa necessidade do "novo" criada pelas redes sociais moldou uma geração inteira que está "viciada no novo", de modo que qualquer coisa que não tenha a dinâmica de um *feed* de notícias se torna desinteressante para as pessoas. Nesse caso, o estudo da Bíblia, no senso comum, não apresenta essa dinâmica de novidades como as redes sociais; e, por esse motivo, o seu estudo acaba sendo classificado como algo monótono para muitos.

Além de Foer, outros autores se preocupam com a influência das diversas mídias sobre a mente e as atitudes das pessoas, especialmente dos adolescentes e jovens.

O psiquiatra Augusto Cury descobriu um transtorno que foi denominado "Síndrome do Pensamento Acelerado". Segundo ele, em virtude da exposição às diversas mídias, a mente dos jovens tem perdido a capacidade de concentração. Cury explica o seguinte:

> A maior consequência do excesso de estímulos da TV é contribuir para gerar a síndrome do pensamento acelerado, SPA. Nunca deveríamos ter mexido na caixa preta da inteligência, que é a construção de pensamentos, mas, infelizmente, mexemos. A velocidade dos pensamentos não poderia ser aumentada cronicamente. Caso contrário, ocorreriam uma

---

[11] *O mundo que não pensa*, p. 123-43.

COSMOVISÃO cristã

diminuição da concentração e um aumento da ansiedade. É exatamente isso que está acontecendo com os jovens.[12]

O pensamento supracitado tem como foco os resultados do excesso de exposição à televisão; contudo, nos dias atuais, à televisão são somadas outras formas de mídia que igualmente têm causado efeitos ruins na mente dos jovens e feito com que eles desenvolvam a SPA. Comentando sobre o impacto das mídias na mente dos adolescentes e jovens, Vera afirma que

> Outro fator que tem contribuído para a degradação do desenvolvimento dos jovens atualmente é a síndrome do pensamento acelerado — SPA. É causada pelo excesso de estímulo visual e sonoro produzido pela televisão, excesso de informações e a paranoia do consumo e da estética que dificulta a interiorização.[13]

A perda de concentração da geração atual deve ser uma questão preocupante para todas as áreas do conhecimento. A escola tem sido afetada, pois os alunos aprendem com mais dificuldade; o mercado de trabalho tem enfrentado problemas com essas mentes que não conseguem se concentrar em algo por muito tempo; e, também, a igreja precisa se preocupar com esse assunto, uma vez que não

---

[12]CURY, Augusto. *Pais brilhantes, professores fascinantes* (Rio de Janeiro: Sextante, 2003), p. 22.

[13]VERA, Heloana Santos. "Infância e adolescência: o conflito com a lei." Etic-Encontro de Iniciação Científica-ISSN 21-76-8498 6.6 (2010).

existirá aprofundamento no texto bíblico sem que a pessoa se concentre nele.

Como vimos no capítulo anterior, a Bíblia está na base da cosmovisão cristã, e o conhecimento adquirido ao estudá-la é o fundamento da maneira cristã de ver o mundo. Mas uma geração com dificuldade de concentração terá muita dificuldade de parar e se aprofundar no texto bíblico, que é uma necessidade de todo cristão.

A CIBERCULTURA E A NECESSIDADE DE APROFUNDAMENTO NO TEXTO BÍBLICO

Foer atribui a Thomas Jefferson a seguinte frase: "Para mim, o lampejo de uma boa ideia vale mais que dinheiro".[14] Essa frase teria sido dita em 1773 e reflete o pensamento de que a capacidade de ter uma ideia e refletir a respeito dela é algo muito valioso, mais que o próprio dinheiro. Acontece que, na sociedade atual, tem acontecido um fenômeno que Foer descreve como a "diminuição da capacidade de refletir sobre os fatos cotidianos".[15] As redes sociais e as páginas da internet estão, por um lado, facilitando cada vez mais o acesso das pessoas à informação; contudo, também estão diminuindo a vontade (ou capacidade) humana de refletir por um tempo sobre um assunto e chegar a uma conclusão particular.

A velocidade da internet parece estar ditando o ritmo dos pensamentos humanos, e isso afeta de maneira direta

---

[14]*O mundo que não pensa*, p. 2.
[15]Idem, p. 17.

COSMOVISÃO cristã

a capacidade das pessoas (especialmente os jovens) de gastarem tempo "digerindo" informações para que possam ser mais profundas nos assuntos da vida. Em geral, as pessoas têm vivido como se estivessem numa grande página da internet, pulando de um link para o outro, de uma página para a outra com uma velocidade tão grande, que a capacidade reflexiva está sendo desprezada.

Essa característica da cibercultura é bastante preocupante, e a tendência é que a superficialidade se torne um modo de agir cada vez mais arraigado, pois, pela repetição, forma-se um hábito. Charles Duhigg explica que a mente humana busca sempre uma forma de trabalhar gastando menos energia possível.[16] É como se o cérebro humano buscasse sempre a maneira mais fácil de fazer as coisas; por isso, quando um hábito se forma, as pessoas o repetem quase sem pensar; coisas que viram hábito, como escovar os dentes, passar a marcha do carro, dentre outras, são feitas sem que seja necessário refletir muito acerca dos movimentos para realizá-las, porque se tornaram um hábito. A superficialidade dos acessos a páginas digitais é tão comum e corriqueira, que a formação do hábito da superficialidade é algo certo para uma grande parte da população.

É lógico que não se pode simplesmente querer deixar de viver na cibercultura, porque isso não é mais possível para a maioria das pessoas.[17] Não devemos, porém, deixar de

---

[16]DUHIGG, Charles. *O poder do hábito: porque fazemos o que fazemos* (São Paulo: Objetiva, 2012), p. 35.

[17]A menos que seja uma escolha pessoal e deliberada, é impossível escapar das tecnologias que estão presentes desde transações bancárias

CIBERCULTURA

refletir sobre essa cultura e de fazer intervenções quando ela se mostra deletéria, para que não caiamos numa inércia de aceitar informações rasas sem refletir sobre como elas influenciarão a nossa vida. Sendo assim, é necessário termos mais profundidade em todos os sentidos, especialmente no sentido espiritual.

> A superficialidade é a maldição de nosso tempo. A doutrina da satisfação instantânea é, antes de tudo, um problema espiritual. A necessidade urgente hoje não é de um maior número de pessoas inteligentes, ou dotadas, mas de pessoas profundas.[18]

Para que haja uma compreensão satisfatória do texto bíblico, é necessário dedicar um tempo de qualidade à maturação do que foi lido e ao devido estudo do contexto e das línguas bíblicas, quando necessário. Porém, os jovens da atualidade vivem em uma cultura (cibercultura) que não valoriza o tempo dedicado à reflexão. Todo o tempo é preenchido com alguma atividade, seja ouvir música, assistir a uma nova série ou navegar nas redes sociais. Rodrigo Silva concorda com essa linha de pensamento. Falando sobre a busca pelo sentido da vida, ele afirma:

> Mas, para achar esse sentido, é preciso refletir, pensar com calma, ter a coragem de voltar, se preciso for. Sair do

---

a pedido de comida via aplicativos. A internet e as tecnologias que ela acompanha já são uma realidade.

[18]FOSTER, Richard. *A celebração da disciplina* (São Paulo: Vida, 1983), p. 4.

COSMOVISÃO cristã

caminho costumeiro. Nossa geração, no entanto, parece ter perdido o poder de reflexão, do autoquestionamento. As velhas questões "quem sou", "para onde vou" e "o que estou fazendo aqui" foram substituídas por trivialidades que ocupam a maior parte de nosso exercício mental. O novo modelo de carro, a situação do campeonato mundial, a atriz que foi fotografada com novo namorado. Os celulares e fones de ouvido viraram uma extensão do corpo humano. Jovens e adultos não conseguem ficar mais sem ouvir música ou mandar mensagens pelo *WhatsApp*. As crianças podem até ter medo do escuro, mas os jovens passaram a ter medo do silêncio.[19]

Esse medo do silêncio ao qual o autor se refere pode ser traduzido como o incômodo que se pode perceber nos jovens quando esquecem o celular em casa ou quando o aparelho quebra e é necessário ficar sem ele por alguns dias. O silêncio, tão necessário para que o texto bíblico seja pensado e repensando, é um artigo raro entre as pessoas desta geração; uma consequência direta dessa ausência de tempo de reflexão no texto bíblico é a superficialidade na compreensão do texto bíblico que se observa hoje, de maneira geral, entre os cristãos.

A própria Bíblia reivindica a sua importância em textos como Salmos 119:105, "lâmpada para os meus pés é a tua palavra, e luz para os meus caminhos" (ARA); e João 17:17, em que Jesus atribuiu o valor de verdade às Escrituras

---

[19] SILVA, Rodrigo Pereira. *O ceticismo da fé: Deus: uma dúvida, uma certeza, uma distorção* (São Paulo: Ágape, 2018), p. 205.

CIBERCULTURA

quando disse: "Santifica-os na verdade; a tua palavra é a verdade". Os teólogos reformados e conservadores também consideram a Bíblia como um livro muito importante e que deve ser objeto de aprofundamento de cada cristão. Sobre a importância da Bíblia, John MacArthur escreveu:

> Ao longo da história, milhões de pessoas têm reconhecido que a Bíblia é a palavra de Deus e fundamentado suas vidas nela, permitindo que seu destino seja definido por ela. Ela dá esperança mesmo para aqueles que estão passando pelo vale da morte. Por sua causa, a bondade tem se prorrogado de forma extraordinária. As nações têm instituído suas leis com base na Bíblia. Muitos têm procurado destruí-la com a mesma intensidade, e o excesso de zelo pela palavra tem provocado incontáveis males. Ao longo da história, nenhum outro livro foi mais estudado e nenhum outro foi mais atacado do que a Bíblia Sagrada.[20]

Uma busca por cavar mais fundo na Palavra de Deus deve ser prioridade na vida de um cristão, e é nesse chão que a cosmovisão cristã-bíblica é construída. Uma base bem fundamentada de Bíblia proporcionará a possibilidade de um crescimento cristão sólido. Sobre a importância de aprofundamento bíblico no contexto do ministério para jovens, MacArthur enfatiza que é preciso oferecer teologia para os jovens (também para os adultos) de tal

---

[20]MACARTHUR, John. *Com vergonha do evangelho* (São José dos Campos: Fiel, 1997), p. 8.

COSMOVISÃO cristã

forma que eles tenham raízes profundas e condições de analisar criticamente a sua existência enquanto cristãos — em outras palavras, é preciso fugir da superficialidade. Diz o autor:

> O contraponto à superficialidade da cultura jovem que corre atrás de tendências não é a realização de brincadeiras ou a formação de um grupo legal — é a teologia profunda e imutável da Bíblia. Se o pastor de jovens evita ensinar teologia, está zombando de sua vocação e traindo a oportunidade de que dispõe. A longo prazo, está deixando de preparar jovens para [enfrentarem] as filosofias seculares que serão ensinadas [em seu cotidiano e na igreja].[21]

A CIBERCULTURA PELA PERSPECTIVA CRISTÃ-BÍBLICA

Diante de toda essa reflexão a respeito da cibercultura a partir da cosmovisão cristã-bíblica, pode-se seguir o caminho de tentar aproveitar as potencialidades da internet e da influência que ela exerce na sociedade sem, necessariamente, se curvar às características da cibercultura que se opõem à cosmovisão cristã bíblica.[22]

Aqueles que adotam a cosmovisão cristã-bíblica e, portanto, entendem que ela é a melhor e mais completa

---

[21]MACARTHUR, John. *Evangelismo: como compartilhar o evangelho de modo eficaz e fiel* (Rio de Janeiro: Thomas Nelson Brasil, 2017), p. 235-8

[22]Vimos algumas delas neste capítulo: a cultura da superficialidade, o vício no novo, dentre outras.

CIBERCULTURA

maneira de ver o mundo, e a única que pode levar o ser humano de volta a um ambiente sem os problemas sociais, políticos, econômicos e ambientais de hoje, devem olhar para a cibercultura com a mente aberta para uma aproximação segura.

O ideal é um envolvimento no ciberespaço com responsabilidade cristã, de tal forma que os cristãos continuem firmes nos princípios bíblicos e aproveitem as oportunidades disponíveis na rede mundial. A seguir, estão algumas reflexões baseadas na cosmovisão cristã-bíblica, cujo intuito é ajudar cristãos a lidar melhor com a cibercultura.

Não é obrigatório rejeitar o novo

Embora o medo traga o benefício já descrito, ele pode impedir as pessoas de conhecer coisas novas e de se beneficiar com isso. O ato abrupto de rejeitar o novo não é uma atitude que combina com o cristianismo; aliás, o próprio cristianismo sofreu rejeição no primeiro século justamente por ser algo novo. Os primeiros cristãos foram perseguidos e rejeitados por aderirem a uma "nova religião" que diferia do judaísmo, a religião oficial e tradicional naquela região onde o cristianismo nasceu.

Esse fato deveria fazer dos cristãos um grupo que não comete o erro de que foi vítima, ou seja, os cristãos deveriam estar abertos à análise de coisas novas que surgem, assim como gostariam que o cristianismo, quando novidade, também tivesse recebido o benefício de uma análise não violenta como a que sofreram os primeiros seguidores de Cristo.

COSMOVISÃO cristã

O apóstolo Paulo pode servir como exemplo do que está posto. Inicialmente, ele foi um perseguidor do movimento religioso que havia acabado de nascer. Em sua descrição pessoal aos filipenses, disse: "circuncidado no oitavo dia de vida, pertencente ao povo de Israel, à tribo de Benjamim, verdadeiro hebreu; quanto à lei, fariseu; quanto ao zelo, perseguidor da igreja; quanto à justiça que há na lei, irrepreensível" (Filipenses 3:5-6).

Na estrada de Damasco, após sua experiência de encontro com Cristo, Paulo mudou de perseguidor de Cristo a seguidor de Cristo, e passou a sofrer a mesma perseguição que, dias antes, impunha sobre os cristãos. A nova vida do apóstolo Paulo o fez sofrer muito. Ele mesmo descreveu uma parte desses sofrimentos:

> Trabalhei muito mais, fui encarcerado mais vezes, fui açoitado mais severamente e exposto à morte repetidas vezes. Cinco vezes recebi dos judeus trinta e nove açoites. Três vezes fui golpeado com varas, uma vez apedrejado, três vezes sofri naufrágio, passei uma noite e um dia exposto à fúria do mar. Estive continuamente viajando de uma parte a outra, enfrentei perigos nos rios, perigos de assaltantes, perigos dos meus compatriotas, perigos dos gentios; perigos na cidade, perigos no deserto, perigos no mar, e perigos dos falsos irmãos (2Coríntios 11:23-26).

Tamanho sofrimento foi causado pelo sentimento de que aquela nova religião deveria ser rejeitada e destruída. Muitos dos líderes que autorizaram essa perseguição nunca tiveram a atitude de parar para analisar o que estavam perseguindo; já aqueles que ousaram fazer esse exercício entenderam que não precisavam perseguir; alguns, inclusive, aderiram à nova fé.

A vida do apóstolo Paulo demonstra os prejuízos que advêm da atitude de rejeitar o novo pelo simples fato de ser novo. Existem outros exemplos bíblicos que demonstram como rejeitar o novo, sem averiguação, é algo prejudicial, mas o exemplo do apóstolo Paulo é suficiente para ilustrar o conceito que aqui está sendo desenvolvido.

Os cristãos não devem rejeitar a cibercultura apenas porque ela é uma novidade.[23] É preciso analisar a cibercultura de maneira criteriosa e tentar identificar as possibilidades existentes nela e usá-las para o crescimento do reino de Deus.

É possível usar as tecnologias na divulgação do evangelho

Nos tempos do Novo Testamento, o meio de comunicação mais difundido e mais avançado era a carta, e era por ela que os governantes se comunicavam com o povo ou com outros governantes. Quando se olha para o texto bíblico, é nítida a importância do uso da carta como meio de difusão da mensagem. O teólogo Donald Carson comenta que:

> Embora a comunicação por cartas não fosse de forma alguma desconhecida no mundo do Oriente Médio

---

[23]Embora a cibercultura já venha se desenvolvendo há algumas décadas, pode-se dizer que ela é nova por sua constante renovação e porque, do ponto de vista histórico, algumas décadas não constituem uma história que deva ser chamada de "antiga".

COSMOVISÃO cristã

antigo, foi no mundo greco-romano que as cartas se firmaram como um método popular de comunicação. Por esse motivo, para ajudar a lançar luz sobre as cartas do Novo Testamento, estudiosos têm se voltado para a teoria e prática da redação de cartas na antiguidade.[24]

A carta tomou uma importância muito grande para o texto bíblico, e uma olhada breve das referências textuais a esse meio de comunicação ajuda a ter essa ideia. Nos próximos parágrafos, estão alguns exemplos da importância da carta nos tempos bíblicos.

No final de sua Carta aos Colossenses, o apóstolo Paulo disse algo que demonstra como esse era o meio de comunicação do evangelho em seu tempo: "Depois que esta carta for lida entre vocês, façam que também seja lida na igreja dos laodicenses, e que vocês igualmente leiam a carta de Laodiceia" (Colossenses 4:16). Percebe-se que aquela carta circularia em muitas comunidades cristãs.

Quando Paulo deveria ser transferido para Cesareia, para uma audiência com o governador Félix, o escritor Lucas relata que "o comandante escreveu uma carta" (Atos 23:25) para recomendá-lo e contextualizar a situação. Em seguida, aconteceu que, "quando a cavalaria chegou a Cesareia, deu a carta ao governador e lhe entregou Paulo" (Atos 23:33).

Para advertir os membros da igreja de Corinto a respeito das más companhias, o apóstolo Paulo escreveu: "Já lhes

---

[24]CARSON, D. A. *Introdução ao Novo Testamento* (São Paulo: Vida Nova, 1997), p. 262.

CIBERCULTURA

disse por carta que vocês não devem associar-se com pessoas imorais" (1Coríntios 5:9). Aos tessalonicenses, o apóstolo escreveu: "Responsabilizo-os diante do Senhor para que esta carta seja lida a todos os irmãos" (1Tessalonicenses 5:27).

Depois do concílio em Jerusalém, no qual discutiram questões importantes para a igreja do primeiro século, os apóstolos enviaram uma carta de esclarecimento para as igrejas. Está escrito: "Uma vez despedidos, os homens desceram para Antioquia, onde reuniram a igreja e entregaram a carta" (Atos 15:30).

Na segunda carta escrita aos tessalonicenses, está registrado: "Eu, Paulo, escrevo esta saudação de próprio punho, a qual é um sinal em todas as minhas cartas. É dessa forma que escrevo" (2Tessalonicenses 3:17).

Além de Paulo, o apóstolo Pedro também usou o recurso da carta para enviar recados divinos. Ele escreveu: "Amados, esta é agora a segunda carta que lhes escrevo. Em ambas quero despertar com estas lembranças a sua mente sincera para que vocês se recordem das palavras proferidas no passado" (2Pedro 3:1-2).

Os exemplos citados revelam que os autores bíblicos usaram o meio de comunicação mais avançado de sua época para que a mensagem do evangelho se espalhasse por todo o mundo. Todavia, isso não quer dizer que as cartas nunca fossem usadas para intentos ruins. É bastante provável que, nos tempos bíblicos, algumas pessoas usassem cartas para enganar, para planejar assassinatos e para outras atitudes más. Contudo, o fato de algumas pessoas

COSMOVISÃO cristã

usarem a carta para o mal não significa que os apóstolos não pudessem usá-las para fins divinos.

Na atualidade, o meio de comunicação mais comum e avançado que existe é a internet, e o fato de ela ser mal utilizada por muitas pessoas não significa que não possa ser usada como meio de expansão da mensagem do evangelho. Ao considerar a prática dos apóstolos em relação à carta como um exemplo de atitude cristã, os cristãos da atualidade também usarão os meios mais avançados possíveis para a pregação da mensagem bíblica.

Diante desses fatos, é possível afirmar que a cosmovisão cristã-bíblica enxerga a utilização dos meios de comunicação de ponta como algo válido na expansão do reino de Deus; portanto, a internet pode estar na lista de meios de comunicação utilizáveis para essa obra.

Examinar tudo e reter o que é bom

Para este tópico, é usado um texto bíblico que, logicamente, não fala sobre cibercultura,[25] mas do qual se pode tirar um princípio que ajudará a trabalhar com esse assunto. O texto encontra-se em 1Tessalonicenses 5:20,21: "Não tratem com desprezo as profecias, mas ponham à prova todas as coisas e fiquem com o que é bom". Esse texto bíblico está inserido no contexto do final da primeira carta que Paulo escreveu aos tessalonicenses, em que ele lista uma série de

---

[25]Não existe na Bíblia nenhum texto que trate sobre cibercultura — afirmar que existe seria anacrônico —, assim como há uma série de outros assuntos contemporâneos que não são mencionados na Bíblia. Contudo, as Escrituras podem fornecer princípios gerais que dão ferramentas para julgar todos os aspectos da vida.

CIBERCULTURA

conselhos que nortearão a conduta daqueles crentes em diversas áreas da vida. Em resumo, o apóstolo está dando "óculos cristãos" para que aquelas pessoas possam enxergar os aspectos da vida.

Quando chega o assunto dos profetas e das profecias que se apresentavam à igreja de Tessalônica, o apóstolo Paulo apresenta a forma cristã de lidar com essa questão. Em outras palavras, Paulo estava dizendo que a forma cristã de lidar com profetas e profecias que surgiam na igreja não era rejeitando-as logo de início e nem as aceitando irrestritamente. A cosmovisão cristã deveria levar as pessoas daquela comunidade a examinar a vida e a obra dos profetas e julgar se eles eram verdadeiros ou falsos.

Conforme já apontamos, o texto bíblico destacado fala de profecias, e não de cibercultura, mas é possível tirar dele um princípio e aplicá-lo a muitos assuntos, inclusive a cibercultura: antes de rejeitar algo é preciso analisar, examinar, passar pelo filtro do evangelho e depois julgar se aquilo deve fazer parte ou não da vida do cristão.

Com esse princípio bíblico em mãos, o cristão pode olhar para o ciberespaço e a cibercultura e analisá-los. Não é para rejeitar em primeira mão nem para absorver tudo indiscriminadamente. Como trabalhado em tópicos anteriores, a cibercultura tem aspectos nocivos ao cristão, e estes devem ser rejeitados, mas existem também oportunidades que podem ser aproveitadas, como a facilidade de espalhar um conteúdo, o acesso fácil a informações, dentre outros. Portanto, a maneira cristã de encarar a cibercultura é analisar com atenção suas características à luz dos princípios gerais da Bíblia e fazer uso daquilo que for conveniente para um cristão.

A PRINCIPAL CONEXÃO

O assunto é muito amplo, e não é possível esgotá-lo em um único capítulo. Por isso, fica meu convite a você para que tome uma decisão diante de tudo que foi visto nessas últimas páginas.

Não há problema em usar o seu *tablet*, celular ou computador — aliás, é possível que você esteja acessando esse conteúdo por meio de um desses aparelhos. A questão é que não podemos deixar que o ritmo da cultura atual e as diversas opções de entretenimento suprimam o tempo que devemos dedicar à comunhão com Deus por intermédio da Sua Palavra e da oração.

Seja alguém conectado com a tecnologia, use os aparelhos de conexão com as redes sociais, mas nunca se esqueça de que a principal conexão que devemos ter é com Deus, pois só ela poderá nos salvar dos nossos pecados e nos dar a vida eterna. Portanto, conecte-se com Deus agora e em todos os dias da sua vida.

CAPÍTULO 4

FÉ

Fé! Uma palavrinha tão pequena, mas tão profunda. O dicionário diz que fé é a "crença em algo abstrato que, para a pessoa que acredita, se torna verdade; crença".[1]

A fé está presente em todas as ações humanas, pois tudo que fazemos é fruto de nossa crença em alguma coisa, pessoa, filosofia ou ideologia. É por isso que todas as pessoas exercem fé, independentemente do conjunto de crenças que cada uma delas carrega consigo. Cristãos, judeus, muçulmanos, hinduístas, ateus, agnósticos — todos exercem fé em alguém ou em alguma coisa. Alguns creem apenas em si, mas isso também é fé!

Quando você declara que não tem fé em alguma coisa, automaticamente está alegando a sua fé em outras, pois é ontológico ao ser humano colocar sua confiança em algum lugar. As situações cotidianas são uma prova disso, pois diariamente exercemos fé nas coisas e nas pessoas. Mas, afinal, o que é fé? Eu gostaria de convidá-lo a refletir sobre essa questão a partir da ótica cristã.

A FÉ FAZ PARTE DA ONTOLOGIA HUMANA

Nunca conheci alguém que, ao entrar em um avião, vá até a cabine para verificar os certificados e diplomas do piloto e conferir que ele realmente tem condições de conduzir a aeronave. Também nunca conheci alguém que peça os laudos de manutenção do avião e faça questão de verificar a capacidade técnica dos mecânicos antes de voar. As pessoas

---

[1]Dicionário online de português. Disponível em: https://www.dicio.com.br/fe/.

FÉ

simplesmente entram em um avião crendo que a empresa aérea tomou todas as providências para que aquela aeronave estivesse em plenas condições de funcionamento e que o piloto está bem psicológica e tecnicamente para conduzi-la em segurança.

Agimos assim em praticamente todos os lugares. Temos fé que o padeiro fez o pão com materiais não venenosos; que o médico está receitando o medicamento correto para a nossa necessidade; que o motorista do taxi está habilitado para aquela função; ou seja, a fé está presente em nossa mente muitas vezes sem nem percebermos, e ela sempre nos leva a uma ação que dela decorre. Esses exemplos nos mostram que a fé não é uma característica apenas dos religiosos — é uma característica dos seres humanos! Todos exercem fé em alguém ou em alguma coisa.

Contudo, nenhuma dessas modalidades de fé incomoda as pessoas ou mesmo faz com que elas parem para pensar a respeito do assunto. Mas, quando falamos sobre fé em Deus, a situação é um pouco mais delicada.

O CONCEITO DE ´FÉ´ SE PERDEU

O sociólogo e filósofo polonês Zygmunt Bauman afirmou que vivemos em um mundo líquido no qual os conceitos se diluem à medida que são tratados de maneira superficial pela sociedade.[2] Bauman oferece o casamento como um exemplo dessa liquidificação do mundo contemporâneo. Ele diz que os casamentos, que até algum tempo atrás

---

[2]BAUMAN, Zygmunt. *Modernidade líquida* (Zahar, 2001).

COSMOVISÃO cristã

eram tratados como relacionamentos absolutos e duradouros, passaram a ser tratados como contratos de negócios, em que duas partes fazem um acordo de satisfação mútua, e, na medida em que uma delas ou as duas não estão mais satisfeitas com "o serviço", sentem-se livres para buscar uma nova opção.

Essa liquefação também aconteceu com o conceito de fé. Muitas pessoas acreditam que estão exercendo sua fé quando vestem uma camiseta com motivos religiosos e saem às ruas. Para alguns, a fé virou um evento sazonal, ou seja, ela aparece em datas especiais, quando eu pego meus símbolos religiosos e vou a algum local participar de determinadas comemorações.

Para outros, a fé virou um produto circunstancial, exercido apenas em momentos de tragédias ou de dificuldades pessoais. Algumas pessoas vivem como se Deus não existisse, mas, quando uma doença chega à família ou quando elas estão diante de um corpo em uma cerimônia fúnebre, então oram, cantam, usam termos religiosos e "exercem" fé.

A fé é algo tão ontológico, ou seja, está tão intimamente ligada à natureza humana, que, mesmo que uma pessoa não creia em Deus, ela colocará sua fé em alguma outra coisa — na ciência, nas "forças do universo", na política, em uma ideologia ou nela mesma.

A realidade é que hoje encontramos algumas pessoas que possuem uma fé sazonal ou circunstancial, exercida apenas quando é conveniente, e isso é um exemplo de como o verdadeiro conceito de fé foi se perdendo ao longo do tempo.

FÉ

Outra evidência de que esse conceito se diluiu na sociedade contemporânea é que algumas pessoas compartimentalizaram a fé. Deixe-me explicar: existe no pensamento religioso contemporâneo uma dicotomia entre o sagrado e o secular. Então, as pessoas dividem a vida entre esses dois conceitos e vivem "personagens" em cada um deles.

Um exemplo dessa dicotomia pode ser encontrado no fato de um professor cristão defender, em sala de aula, conceitos não cristãos sob o argumento de que a sala de aula não tem nada a ver com a fé, por supostamente se tratar de um ambiente acadêmico e secular. A compartimentalização da fé desse professor hipotético usado como exemplo não permite que sua profissão seja influenciada por seus conceitos a respeito de Deus, ou seja, é como se a fé fosse um artigo restrito ao ambiente da igreja.

Outro exemplo dessa compartimentalização da fé pode ser visto nas igrejas a cada fim de semana. As pessoas vão aos cultos, usam linguagem religiosa, cantam músicas religiosas, carregam consigo símbolos e livros religiosos, mas, quando chega a segunda-feira e elas vão para o trabalho, sentem-se em um ambiente secular e, portanto, não pensam que devem exercer a fé ali. Por isso, vemos comerciantes que frequentam igrejas sendo desonestos em seus negócios, políticos que se dizem religiosos envolvidos em corrupção, jovens que frequentam comunidades religiosas tendo comportamentos sexuais que não condizem com os princípios de sua religião, entre outras coisas — essas são pessoas que restringiram sua fé ao "ambiente religioso". Contudo, a verdadeira fé deve atingir cada aspecto da nossa vida.

COSMOVISÃO cristã

A CIÊNCIA SE RENDE À FÉ

A compartimentalização da fé vivida por algumas pessoas contrasta com o que a própria ciência tem estudado a respeito dos efeitos da fé na vida das pessoas e, especialmente, no tratamento de doenças. Durante muito tempo, os religiosos defenderam que a fé em Deus ajudaria no processo de tratamento de enfermidades, e os céticos encaravam essas afirmações com desdém ou, no máximo, diziam que isso não passava de um efeito placebo.

Existem diversos estudos científicos que comprovam que a fé tem um efeito muito forte no corpo humano e que é mais do que efeito placebo. Vamos a alguns exemplos a seguir.[3]

- Pesquisadores do Hospital McLean, em Massachusetts, Estados Unidos, analisaram o tratamento de 159 homens e mulheres em terapia cognitivo-comportamental. Desses pacientes, 60% sofriam de depressão e 40% sofriam de transtorno bipolar e ansiedade. Entre eles, 80% afirmavam que tinham algum grau de crença em Deus. Os resultados da pesquisa apontaram para o fato de que os pacientes que exerciam fé em Deus reagiam melhor aos tratamentos, apresentando-se menos depressivos e menos propensos a se envolverem em comportamentos de automutilação.

- Um famoso estudo feito na Califórnia pelo cardiologista Dr. Randolph Byrd analisou 393 pacientes adultos que sofriam de problemas cardíacos e estavam

---

[3]*Revista Vida e Saúde*. Ano 79, n. 5 – Maio 2017. Casa Publicadora Brasileira.

FÉ

internados em uma unidade de terapia coronariana. Os pacientes foram divididos aleatoriamente em dois grupos, sendo que um deles recebeu oração intercessora e o outro não. Nenhum dos pacientes sabia que estava recebendo orações, mas o resultado impressionou a muitos, pois o grupo que estava recebendo orações apresentou menos complicações no tratamento, menos necessidade de intubação e menos ataques cardíacos; além disso, seus integrantes receberam alta em menos tempo.

■ Em 2003, o Dr. Levin J. fez um resumo de seus estudos, que estavam sendo desenvolvidos desde 1987 nessa área de medicina e fé. Os resultados atestam que "as pessoas que assistem a cultos religiosos apresentam taxas mais baixas de doenças e mortalidade do que aquelas que frequentam a igreja com menos frequência ou que não frequentam". E ainda: "as pessoas que relatam alguma afiliação religiosa apresentam menor taxa de doenças cardíacas, câncer e hipertensão". E, por fim: "pessoas com vida religiosa ativa vivem mais do que as não religiosas".

Os efeitos da fé estão sendo considerados pela ciência médica, de forma que existe um novo ramo dos estudos médicos chamado de *Neuroteologia*, o qual estuda os efeitos da fé no cérebro humano. Esse ramo tem no Dr. Andrew Newberg, neurocientista estadunidense, um de seus principais pesquisadores.

Espero que até aqui tenha ficado claro que a fé é algo que está presente nos níveis mais íntimos da vida humana

COSMOVISÃO cristã

e que não é possível fugir de ter fé seja no que for. Isso é tão forte que, como vimos, até a ciência se rendeu aos efeitos positivos de exercer fé em Deus.

Até agora, tentei mostrar que ter fé é extremamente benéfico para todos os aspectos da nossa vida, mas ainda não entrei na resposta à pergunta inicial deste capítulo. Para isso, vamos recorrer à Bíblia, que é a maior autoridade no assunto, para que respondamos à pergunta: "O que é fé?".

A DEFINIÇÃO CLÁSSICA

O capítulo 11 de Hebreus é famoso por começar com a mais conhecida definição de fé cristã e por expor a galeria dos heróis da fé, isto é, pessoas que viveram o conceito de fé apresentado no primeiro versículo. Vejamos a definição de fé apresentada na epístola: "Ora, a fé é a certeza daquilo que esperamos e a prova das coisas que não vemos" (Hebreus 11:1).

Os heróis da fé de Hebreus 11 têm uma coisa em comum: eles puseram sua total confiança em Deus. Apesar de todas as provações e circunstâncias difíceis, eles triunfaram por causa de sua confiança em Deus. Para o autor, fé é aderir às promessas de Deus, depender da Palavra de Deus e permanecer fiel ao Filho de Deus.[4]

Quero enfatizar esses aspectos da fé. É preciso aderir às promessas, e elas chegam a nós quando dependemos da Palavra; como consequência, permanecemos fiéis aos ensinos bíblicos. Perceba que a verdadeira fé sempre nos levará à ação.

---

[4]KISTEMAKER, S. *Hebreus*, 2. ed. (São Paulo: Cultura Cristã, 2013), p. 426.

FÉ

Quando vemos o capítulo 11 no contexto geral de Hebreus, o plano do autor para contrastar a fé com o pecado da incredulidade (3:12,19; 4:2; 10:38-39) torna-se claro,[5] uma vez que a definição de fé dada em Hebreus 11:1 está dentro de um contexto maior. No capítulo 10:32-39, o autor convoca os seus leitores a olharem para o passado e lembrarem-se da maneira como Deus havia cuidado de seus antepassados e das promessas que lhes haviam sido feitas. A convocação do escritor de Hebreus envolve três grandes pilares: as ações de Deus no passado, a perseverança nas promessas e a salvação futura.

O autor faz um contraste entre perseverar e retroceder, e é possível perceber uma reprovação àqueles que desistem de continuar firmes à espera da promessa da redenção em Cristo. Embora Cristo ainda não tivesse voltado para buscar os seus, como ele havia prometido, a fé era a convicção e a certeza de que a promessa seria cumprida. Em outras palavras, a "fé é o título de propriedade das coisas esperadas".[6]

É interessante perceber que a definição clássica de fé não está ligada a milagres temporais como cura, enriquecimento, crescimento profissional. O contexto da definição de Hebreus 11:1 é a confiança no perdão, a salvação e a redenção prometidas por Cristo, pois a verdadeira fé não está interessada nos benefícios de Cristo, e sim no próprio Cristo.

---

[5]Idem.

[6]MOULTON, James Hope; MILLIGAN, George. *The vocabulary of the Greek Testament illustrated from the papyri and other non-literary sources* (Londres: Hodder and Soughton, 1930), p. 659–60.

COSMOVISÃO cristã

A fé está intimamente ligada à esperança, mas esperança, no sentido bíblico, não tem a ver com uma atitude inativa e cabisbaixa; a esperança bíblica é ativa e progressiva, pois a cada dia que passa o cristão fica mais próximo de alcançar as promessas dadas por Deus.

Aqui há um ponto que precisa ser enfatizado. A fé é a certeza de que teremos em nossas mãos tudo aquilo que Deus prometeu que teríamos, ou seja, as coisas que não estão prometidas na Palavra de Deus não podem ser colocadas como parâmetro de medição da fé. Se algo não foi prometido, não tem por que esperarmos tal coisa. Entretanto, tudo que Deus prometeu, a fé nos faz tomar posse: "todas as coisas da graça presente e da glória futura".[7] "Pela fé, o cristão se considera já na posse do que lhe foi prometido. Sua confiança absoluta naquele que a fez não deixa dúvidas quanto a seu cumprimento no tempo devido".[8] Para os olhos da fé, o que é invisível se torna visível e o que parece distante fica cada vez mais perto. Mas como confiar em um Deus que nunca vimos? Apresentamos algumas razões a seguir:

- **As evidências de seu poder estão em todos os lugares**: pode ser que você nunca tenha visto a usina hidrelétrica que produz a energia que alimenta a sua casa, mas, quando acende uma lâmpada ou liga um aparelho elétrico, tem a certeza de que a usina existe, mesmo sem nunca tê-la visto. Do mesmo

---

[7]OWEN, John. *An exposition of Hebrews* (Evansville: Sovereign Grace, 1960), vol. 7, p. 7.

[8]*Comentário Bíblico Adventista do Sétimo Dia* (Tatuí: Casa Publicadora Brasileira, 2014), vol. 6, p. 510.

modo, ao observarmos os efeitos, concluímos que a causa existe. Olhe para a natureza, para o ajuste fino do universo, para a complexidade do olho humano e terá certeza de que existe um Deus que ama você.

- **A confiança sempre é fruto de um relacionamento:** imagine-se no transporte público e de repente chega alguém que você não conhece, olhando para os lados desconfiado, com um pacote na mão, pedindo para que você o segure. Dificilmente você seguraria, não é? Isso não seria prudente. Mas, se você está no mesmo transporte público e chega sua mãe, seu cônjuge ou um amigo e lhe pede para segurar um pacote, possivelmente você vai atender o pedido, pois confia naquela pessoa, porque a conhece. Muitas pessoas têm dificuldade de confiar em Deus por falta de relacionamento; então, quanto mais próximo você estiver de Deus, mais fé você terá.

- **Conheça a Deus, pois ele se apresentou a você:** se não fosse a atitude divina de se revelar, nós nunca chegaríamos ao conhecimento de Deus, mas ele resolveu se apresentar a nós por meio da natureza (revelação geral) e por meio de Cristo e da Bíblia (revelação especial). Quem quer ter mais fé precisa conhecer a Deus através de Cristo e de sua Palavra. Sendo assim, estude a Bíblia, mesmo que seja por curiosidade, pois, desse modo, você conhecerá a Deus e passará a confiar mais nele.

- **Ter fé como se fosse uma criança:** Deus nos chama para termos uma fé como a de uma criança, o que não é sinônimo de uma fé infantil, pois esta é

COSMOVISÃO cristã

imatura e não conhece o objeto da fé. Ter fé como uma criança é pegar na mão do pai e segui-lo sem se preocupar para onde está indo. É apenas confiar que seu Pai celestial sabe o que é melhor para você e, como uma criança, obedecer-lhe.

A fé é um presente que o Pai dá aos filhos que se aproximam dele. A conclusão de Hebreus 11 se encontra, na verdade, em Hebreus 12:1-2, em que o escritor, depois de nos apresentar tantos exemplos de fé, nos manda olhar para Cristo, "o autor e consumador da fé".

Nesse ponto, chegamos ao centro da questão: Deus pede de nós a fé, mas ele nunca nos pede algo que ele mesmo não nos ofereça. Portanto, sim, Jesus é aquele que nos dará a fé que precisamos ter; para que isso aconteça, temos de nos aproximar cada vez mais do Pai — esse é o segredo!

DEUS NÃO ABANDONA SEUS FILHOS

Certa vez, levei meu filho de 3 anos para a aula de ginástica infantil. Quando estávamos saindo de casa, minha esposa me pediu que eu fosse ao mercado enquanto ele estivesse na aula. Ao ouvir o pedido, imediatamente ele fez cara de choro e disse: "Eu quero que o papai esteja me esperando". O pedido foi tão lindo, que decidi ir ao mercado depois da aula, com ele.

Quando chegamos à entrada da sala de ginástica, antes de entrar, ele olhou para mim e disse: "Papai, você me esperará aqui, não é?". Eu respondi: "Sim, meu filho; ficarei sentado naquela cadeira em frente à porta".

FÉ

Fiquei sentado ali, lendo um livro, mas, por algum motivo, me levantei. Quando voltei, aquele lugar estava ocupado, e me sentei em outra cadeira, de onde não seria possível me ver da porta da sala.

Quando terminou a aula, todos os alunos foram saindo e meu filho saiu junto com a professora. Quando ele olhou para a cadeira da frente e não me viu, logo reagiu, dizendo: "Cadê o meu pai?". A sua voz já estava embargada. A professora tentou acalmá-lo. dizendo: "Ele deve estar brincando de esconde-esconde". Ele respondeu com firmeza: "Não, meu pai só brinca de esconde-esconde comigo em casa. Eu quero meu pai".

Eles deram mais alguns passos e então conseguiram me ver. Foi perceptível seu alívio. e uma lágrima lhe desceu pelo rosto. Eu estava ali o tempo todo, mas ele não conseguia me ver. Eu o peguei no colo, abracei-o com força e sussurrei em seu ouvido: "Filho, o papai sempre estará aqui. Eu nunca o deixarei sozinho. O papai ama você". Ele me abraçou, me beijou e sorriu. Depois, já recuperado do susto, fomos para casa.

Pode ser que hoje você não consiga ver o Pai — talvez os problemas e as dores da vida estejam ofuscando a sua visão. Tenha fé: ele está aí, perto de você. Mesmo que não consiga vê-lo agora, se você der um passo de fé, ele o pegará nos braços e sussurrará em seu ouvido: "Filho, filha, eu sempre estarei aqui, nunca o abandonarei. O papai ama você". Então, deixe que Deus coloque essa fé em seu coração e viva em paz.

CAPÍTULO 5

LIBERDADE

Existem muitos temas controversos nos círculos cristãos de discussão teológica, e um deles é o tema da liberdade. Quando Cristo nos salva, ele também nos liberta. Mas será que essa liberdade nos livra das exigências da lei? Quando somos libertos por Cristo, podemos fazer o que quisermos baseando-nos nessa liberdade? É importante que procuremos entender se a liberdade em Cristo nos aproxima ou nos afasta das suas regras de ética e moral. Para isso, eu o convido a pensar sobre esses assuntos, tendo por base a ótica cristã.

LIBERDADE — UMA CONFUSÃO DE CONCEITOS

O conceito de liberdade é um dos assuntos mais discutidos nos meios teológicos e filosóficos. As opiniões são divergentes, as concepções mudam segundo as ideologias adotadas e de acordo com preferências pessoais. Dependendo da forma como uma pessoa enxerga a liberdade, ela irá agir de uma maneira ou de outra.

Existe um grupo de pessoas que defende que liberdade é viver com ausência total de regras, normas éticas ou moralidade universal. Para esse grupo, a liberdade consiste em fazer o que vier à mente, sem ter de prestar contas a ninguém; porém, a implicação direta dessa forma de pensar é uma vida completamente desregrada sob todos os aspectos. Seguindo esse pensamento, maridos e esposas estariam isentos da fidelidade matrimonial, filhos estariam livres da obediência aos pais e cidadãos de um país não precisariam obedecer às leis. Você já imaginou o caos que seria viver em uma sociedade como essa?

LIBERDADE

Existe outro grupo que defende que as pessoas não podem fazer o que bem entendem, mas sim que devem se submeter a todas as regras de maneira cega. Esse grupo quer legislar sobre os mínimos detalhes da vida das pessoas, ou seja, desde o vestuário, passando pelo entretenimento, até as questões mais íntimas. O grupo defensor de uma liberdade controlada quer se intrometer na vida pessoal alheia.

Os extremos sempre são perigosos, e isso significa dizer que defender uma vida sem regras ou legislar sobre cada pequeno aspecto da vida são extremos desse assunto. Chegamos ao extremo todas as vezes que nos afastamos do único ser perfeitamente equilibrado do universo, Deus, pois é nele que encontramos os parâmetros para julgar esse e outros assuntos de forma equilibrada.

Quando tratamos esse tema desprezando o fator "Deus", corremos o risco de adentrar ambientes bastante perigosos, porque Deus é o fator equilibrador das nossas discussões; sem ele, ao falarmos de liberdade, podemos chegar a conclusões ilusórias.

Um exemplo disso é o filósofo Jean-Paul Sartre (1905-1980), para quem a liberdade é a condição ontológica do ser humano. Segundo ele, o homem é, antes de tudo, livre. O homem é livre inclusive de uma essência particular, como não o são os objetos do mundo, as coisas. Sartre defende que o homem é nada antes de definir-se como algo, e é absolutamente livre para definir-se, engajar-se, encerrar-se, esgotar a si mesmo. O tema da liberdade foi muito abordado no pensamento do filósofo francês, e sua tese poderia ser resumida da seguinte maneira: a liberdade é

COSMOVISÃO cristã

absoluta ou não existe. Sartre recusa todo determinismo e também qualquer forma de condicionamento. Assim, ele recusa Deus e inverte a tese de Lutero, para quem a liberdade não existe justamente porque Deus tudo sabe e tudo prevê. Como, para Sartre, Deus não existe, a liberdade é absoluta.

Se desconsiderarmos a existência de Deus, cairemos no que vemos hoje em muitos lugares sociais: uma completa ausência de regras morais e um incentivo para que a vontade humana seja levada às suas últimas consequências. Sem Deus, como dizia Sartre, a liberdade é ilimitada; porém, isso é uma grande ilusão, pois em Deus conseguimos os argumentos corretos para definir liberdade e, mais do que isso, para viver plenamente a liberdade nos moldes daquele que nos criou. Em outras palavras, fora de Deus não há completa liberdade, e sem ele não há compreensão adequada do assunto.

Gálatas e a liberdade em Cristo

A carta de Paulo aos gálatas é um compêndio de assuntos teológicos, mas todos eles estão presos a um mesmo fio condutor. Os gálatas receberam o evangelho da salvação pela graça de Cristo e compreenderam que não seriam os rituais que os salvariam. Era o evangelho de Cristo chegando aos gentios; contudo, pouco tempo depois que o apóstolo Paulo os deixou, outros pregadores se aproximaram e começaram a perverter a pregação do verdadeiro evangelho. Paulo escreveu a Carta aos Gálatas para resolver esse problema, e podemos perceber isso logo no início do texto:

LIBERDADE

> Admiro-me de que vocês estejam abandonando tão rapidamente aquele que os chamou pela graça de Cristo, para seguirem outro evangelho que, na realidade, não é o evangelho. O que ocorre é que algumas pessoas os estão perturbando, querendo perverter o evangelho de Cristo (Gálatas 1:6-7).

Fica bem claro nesse texto que existiam pessoas ensinando uma forma de evangelho que não era o que Cristo havia estabelecido e o que Paulo havia transmitido ao povo da Galácia. Isso incomodava muito o apóstolo, porque as pessoas que foram libertas por Cristo não poderiam ser escravizadas novamente por rituais humanos. É nesse contexto que Paulo entra com força no tema da liberdade e diz: "Foi para a liberdade que Cristo nos libertou. Portanto, permaneçam firmes e não se deixem submeter novamente a um jugo de escravidão" (Gálatas 5:1).

Esse é um texto muito importante da teologia paulina e que precisa ser bem interpretado. Infelizmente, algumas pessoas usam essa passagem de maneira equivocada, desconsiderando o seu contexto para pregar um evangelho sem padrões éticos, sem regras ou limites morais. A ideia de alguns é que em Cristo ruíram os muros éticos que separam o certo do errado, mas essa é uma interpretação forçada do texto e muito prejudicial para o cristianismo como um todo.

O significado dessa libertação

Algumas pessoas, até bem-intencionadas, associam essa libertação a uma referência à consciência pesada pelo

COSMOVISÃO cristã

pecado, à escravidão das nossas vontades etc. Embora Deus nos liberte de tudo isso, não era esse o foco do pensamento de Paulo. O apóstolo estava combatendo de forma direta os judaizantes que queriam impor aos recém-convertidos da Galácia a circuncisão como pré-requisito para a salvação.

Esse pensamento legalista não é uma característica apenas da época de apóstolo Paulo. Ainda é possível encontrar em nossos dias pessoas que pensam que serão salvas por causa de suas ações, de coisas que fazem ou de coisas que não fazem. No entanto, a verdade é que as nossas ações não acrescentam nenhum tipo de mérito à nossa salvação.

É importante que tenhamos clareza sobre o assunto central da Carta aos Gálatas, para que não desvirtuemos o sentido dos escritos. Leiamos o seguinte trecho:

> Ouçam bem o que eu, Paulo, lhes digo: Caso se deixem circuncidar, Cristo de nada lhes servirá. De novo declaro a todo homem que se deixa circuncidar que está obrigado a cumprir toda a lei. Vocês, que procuram ser justificados pela lei, separaram-se de Cristo; caíram da graça. Pois é mediante o Espírito que nós aguardamos pela fé a justiça que é a nossa esperança (Gálatas 5:2-5).

Não resta dúvida de que o assunto central é a questão da circuncisão como pré-requisito para a salvação, e Paulo está tentando salvar os gálatas dessa heresia.

Nesse contexto, o apóstolo faz uma afirmação muito forte: ele diz que tentar salvar-se pelas obras é sair da presença de Cristo, o que é um fato lógico, pois, quando

LIBERDADE

achamos que seremos salvos por nossos próprios esforços, estamos desviando o foco de Cristo para nós mesmos, e nessa religião antropocêntrica nós nos distanciamos do único que pode nos levar à salvação de verdade.

Paulo se aprofunda em sua explicação a respeito da questão da liberdade, ao escrever: Porque em Cristo Jesus nem circuncisão nem incircuncisão têm efeito algum, mas sim a fé que atua pelo amor" (Gálatas 5:6). Quando Cristo chegou e cumpriu os rituais do santuário terrestre e do sistema de rituais judaicos, a circuncisão ou o contrário dela não fariam mais diferença. O que valeria de verdade seria a fé genuína, que é mais que um assentimento intelectual — é uma força que nos impulsiona à ação. É muito interessante dar atenção à expressão paulina "fé que atua pelo amor". Segundo esse pensamento, a fé não é uma teoria; a fé está intimamente ligada às obras.

É importante ressaltar que, nos escritos de Paulo, a liberdade é mais que libertação,[1] pois libertação é um conceito que provém de algo negativo, ou seja, alguém estava preso e recebeu libertação. Paulo fala sobre a liberdade que é uma proposição positiva, algo que recebemos de Deus e que devemos usar para a sua glória.

Depois de explicar o que é a verdadeira liberdade em Cristo, o apóstolo começa a explicar o que *não* é a liberdade em Cristo. Ele escreveu: "Irmãos, vocês foram chamados para a liberdade. Mas não usem a liberdade para dar ocasião à vontade da carne; pelo contrário, sirvam uns aos outros mediante o amor" (Gálatas 5:13). A liberdade em Cristo

---

[1]HENDRIKSEN, W. *Gálatas*, 2. ed. (São Paulo: Cultura Cristã, 2009), p. 230.

COSMOVISÃO cristã

não pode ser uma desculpa para que minhas vontades pecaminosas sejam colocadas em prática, pois ela não é uma autorização para que eu viva praticando coisas que Deus reprova; tampouco é um salvo conduto para caminharmos por caminhos proibidos por Deus — sim, existem caminhos proibidos por Deus. A liberdade que Cristo estabelece não é a ausência de normas e regras; pelo contrário, é a submissão voluntária às regras que Deus estabelece.

Existe um paradoxo nos ensinos de Paulo que reforça essa visão. No texto que acabamos de ler, a liberdade nos leva a ser servos uns dos outros, isto é, a liberdade em Cristo leva à servidão, e o centro do pensamento é que essa servidão é voluntária, fruto da compreensão da liberdade.

Os efeitos da real liberdade

O texto de Paulo para os gálatas é muito rico e profundo. Nele, o apóstolo nos diz muito sobre o que é liberdade, inclusive falando sobre os efeitos dessa verdadeira liberdade. Em seguida, vamos pontuar esses efeitos.

Realça os conceitos de certo e errado

Infelizmente, algumas pessoas interpretam a liberdade de que Paulo fala em Gálatas 5 como sendo o fim da barreira entre o certo e o errado. Elas pensam: "Já que Jesus nos libertou, não temos que nos preocupar com o conceito de certo e errado". Mas o texto do apóstolo diz exatamente o contrário disso, isto é, quando recebemos a liberdade de Cristo, temos os conceitos de certo e errado realçados em nossa mente.

LIBERDADE

Observe o que o apóstolo escreveu: "Por isso digo: vivam pelo Espírito, e de modo nenhum satisfarão os desejos da carne" (Gálatas 5:16). Ou seja, a verdadeira liberdade abre caminho para a obra do Espírito Santo em nossa vida, em contraste com a prisão que é seguir as obras da carne. Paulo coloca em contraste a carne e o espírito. O próprio apóstolo explicou mais sobre essa relação em outra carta:

> [...] a fim de que as justas exigências da lei fossem plenamente satisfeitas em nós, que não vivemos segundo a carne, mas segundo o Espírito. Quem vive segundo a carne tem a mente voltada para o que a carne deseja; mas quem vive de acordo com o Espírito tem a mente voltada para o que o Espírito deseja.
> A mentalidade da carne é morte, mas a mentalidade do Espírito é vida e paz" (Romanos 8:4-6).

Resumindo, em vez de perdermos as regras e fronteiras entre o certo e errado, a liberdade em Cristo reforçará essas noções.

Não elimina as listas de coisas erradas

Outra concepção errada sobre a liberdade em Cristo é que ela extingue qualquer tipo de lista de certo e errado. Isso é fácil de perceber ao lermos o texto paulino:

> Mas, se vocês são guiados pelo Espírito, não estão debaixo da lei. Ora, as obras da carne são manifestas:

COSMOVISÃO cristã

imoralidade sexual, impureza e libertinagem; idolatria e feitiçaria; ódio, discórdia, ciúmes, ira, egoísmo, dissensões, facções e inveja; embriaguez, orgias e coisas semelhantes. Eu os advirto, como antes já os adverti: Aqueles que praticam essas coisas não herdarão o Reino de Deus" (Gálatas 5:18-21).

O recado é muito claro. Existem coisas erradas que não devem ser praticadas pelos cristãos livres. Isso prova que as listas de certo e errado não desaparecem com a liberdade em Cristo, apenas são seguidas de maneira leve e alegre, pois o amor por Cristo e pelo próximo é o óleo que facilita o funcionamento das engrenagens da obediência.

Deixa-nos livres para desenvolver o fruto do Espírito

O terceiro efeito da liberdade em nós é abrir o caminho para o desenvolvimento do fruto do espírito. Segundo a teologia do texto de Paulo, somente pessoas livres estão aptas a desenvolver as características que o Espírito Santo quer desenvolver em cada cristão. Está escrito assim: "Mas o fruto do Espírito é amor, alegria, paz, paciência, amabilidade, bondade, fidelidade, mansidão e domínio próprio. Contra essas coisas não há lei" (Gálatas 5:22-23). Aqueles que realmente entenderam a liberdade em Cristo se movem em direção ao padrão moral de Deus. Na liberdade em Cristo, o padrão de conduta é estabelecido por ele; portanto, não recebemos o direito de estabelecer o que é certo ou errado — essa prerrogativa é dele. "Paulo enfatiza o fato de que foi o próprio Cristo — não nossos

LIBERDADE

próprios méritos ou nossas obras — quem nos fez livres; isso foi possível porque ele se fez maldição em nosso lugar (Gálatas 3:13); portanto, por meio de seu sangue (Hebreus 10:19,22); e o fez e continua fazendo constantemente por intermédio de seu Espírito (Gálatas 3:2-3,14;4.6, 29; cf. Romanos 8:4). Onde se faz presente o Espírito do Senhor, aí há liberdade (2Coríntios 3:17)."[2]

Conduz-nos à negação do eu e à exaltação veemente dele

"Positivamente falando, a liberdade, tal como Paulo a concebe, é o estado em que uma pessoa anda e vive no Espírito (Gálatas 5:25), de modo que produza o fruto do Espírito (5:22-23), e com alegria e gratidão faça a vontade de Deus (Gálatas 5:14; Romanos 8:4); em princípio, cumpre a lei de Cristo (Gálatas 6:2) até 'a lei da liberdade'" (Tiago 1:25).[3]

O apóstolo é muito claro ao dizer que "os que pertencem a Cristo Jesus crucificaram a carne, com as suas paixões e os seus desejos. Se vivemos pelo Espírito, andemos também pelo Espírito. Não sejamos presunçosos, provocando uns aos outros e tendo inveja uns dos outros" (Gálatas 5:24-26). A crucificação do eu é um efeito imediato daquela liberdade em Cristo, de modo que aquele que é verdadeiramente livre se coloca na cruz de Cristo para morrer para o mundo e renascer para Deus.

---

[2]Idem, p. 231.
[3]Idem, p. 230.

COSMOVISÃO cristã

ADVERTÊNCIAS PAULINAS EM RELAÇÃO À LIBERDADE

O tema da liberdade é encontrado em outros textos paulinos. O apóstolo sabia muito bem o que era ser um prisioneiro do mal, um prisioneiro das tradições. Quando ele falava a respeito de ser livre, não estava apenas desenvolvendo um tema teológico; estava, mais do que tudo, dando um testemunho do que Cristo havia feito em sua própria vida, por isso ele se tornou uma autoridade nesse assunto e deixou vários conselhos a respeito do bom uso da liberdade em Cristo. Vejamos dois deles:

1. *Tudo me é permitido", mas nem tudo me convém. "Tudo me é permitido", mas eu não deixarei que nada me domine (1Coríntios 6:12).*

Nesse texto, Paulo dialoga com ditados populares da região de Corinto. A primeira parte do texto — "tudo me é permitido" — é uma repetição de uma frase comum da região; já a segunda parte — "mas nem tudo me convém" — é a resposta de Paulo à crença popular. Da mesma forma acontece com a repetição de "tudo me é permitido", para a qual Paulo responde: "mas eu não deixarei que nada me domine". Paulo, na verdade, estava corrigindo uma crença popular falsa. Não sabemos a origem exata do ditado, mas "o que é significativo é que certos membros da igreja de Corinto usavam o lema como desculpa para promover seu modo de entender a liberdade cristã".[4] Mais uma vez a Palavra nos ensina que não devemos usar a liberdade para dar vazão ao pecado.

---

[4]Idem, p. 242.

LIBERDADE

2. *"Contudo, tenham cuidado para que o exercício da liberdade de vocês não se torne uma pedra de tropeço para os fracos. [...] Portanto, se aquilo que eu como leva o meu irmão a pecar, nunca mais comerei carne, para não fazer meu irmão tropeçar"* (1Coríntios 8:9,13).

Aqui, há outro aspecto muito importante da verdadeira liberdade em Cristo, a saber, que aqueles que são livres se preocupam em não ser motivo de escândalo para os outros. Note que o texto bíblico está se referindo a coisas não pecaminosas, mas fala do que Paulo deixava de fazer para não levar irmãos mais fracos ao escândalo. O princípio retirado desse texto, ao ser aplicado na prática, ajudaria a resolver muitos conflitos dentro do cristianismo.

OS EXTREMOS

Existem dois extremos quando o assunto é liberdade cristã, e ambos são perigosos e prejudiciais: o legalismo e a libertinagem. São justamente esses são dois extremos que Paulo combate em sua Carta aos Gálatas.

O legalismo é a crença de que a salvação será alcançada por causa daquilo que fazemos, da lei que guardamos, da forma como nos vestimos ou nos alimentamos etc. Já a libertinagem está no extremo oposto. É a crença de que, uma vez que fomos salvos e libertos por Cristo, não há regras morais e éticas; portanto, tudo pode ser feito como bem se entender; não há limites. Todavia, os dois posicionamentos são igualmente perigosos e perniciosos para a vida cristã. A verdadeira liberdade em Cristo nos impulsiona para uma atitude de servo que se submete àquilo que Cristo

COSMOVISÃO cristã

estabelece; portanto, aquele que é verdadeiramente livre em Cristo escolhe se submeter à vontade de Deus.

Somente a companhia constante de Cristo nos coloca em uma posição mais próxima ao equilíbrio em todos os assuntos, inclusive nesse da liberdade. Jesus tratou disso:

> "Disse Jesus aos judeus que haviam crido nele:
> 'Se vocês permanecerem firmes na minha palavra,
> verdadeiramente serão meus discípulos. E conhecerão a
> verdade, e a verdade os libertará'. Eles lhe responderam:
> 'Somos descendentes de Abraão e nunca fomos
> escravos de ninguém. Como você pode dizer que
> seremos livres?' Jesus respondeu: 'Digo-lhes a verdade:
> Todo aquele que vive pecando é escravo do pecado.
> O escravo não tem lugar permanente na família, mas
> o filho pertence a ela para sempre. Portanto, se o Filho
> os libertar, vocês de fato serão livres'" (João 8:31-36).

O que Cristo estava dizendo é que a liberdade que recebemos dele nos tira da posição de escravos e nos coloca na posição da qual nunca deveríamos ter saído: a de filhos. O filho ama o pai, vive perto do pai e obedece ao pai.

Aqueles que realmente receberam a liberdade viverão felizes em seguir as regras e leis estabelecidas pelo Pai, de modo que a obediência será uma alegria e o caminho de Deus será um prazer. Por isso, aproxime-se cada dia mais de Cristo, para que você seja cada vez menos escravo do pecado e cada vez mais livre em Deus e para Deus.

CAPÍTULO 6

AMIZADE

Nesta era das redes sociais, o conceito de amizade se diluiu em meio aos milhares de "amigos" virtuais que temos. Trata-se de pessoas que são classificadas como amigos, mas que, na realidade, não o são, uma vez que com muitas delas não mantemos nenhum tipo de relacionamento além de alguma curtida em postagens eventuais. Além disso, sabemos que a amizade verdadeira está muito além de um simples clique ou um *like*.

Para que haja amizade entre duas pessoas, é preciso que elas se conheçam mais de perto; é preciso que chorem e sorriam juntas, que dividam dores e preocupações. Verdadeiros amigos não precisam falar muito para que um saiba o que o outro quer dizer; enfim, a amizade requer um relacionamento profundo; talvez por isso cada um de nós não tenha muitos amigos, no sentido pleno da palavra.

Da mesma forma, a amizade com Cristo também não pode ser superficial ou sustentada apenas por palavras — é preciso muito mais que isso para que alguém possa se dizer amigo do Mestre. Neste capítulo, falaremos sobre amizade no sentido horizontal, e mais especialmente sobre amizade no sentido vertical da palavra, e faremos isso sempre tomando por base a ótica cristã.

A AMIZADE

Uma das melhores coisas da vida é estar junto dos amigos, pois eles são uma grande bênção que recebemos do céu; são pessoas em quem podemos confiar e nos apoiar nos momentos bons e nos momentos ruins. Em geral, nossos amigos são pessoas comuns, mas nem por isso deixam de ser especiais para nós. Às vezes, nossos amigos são pessoas importantes na sociedade, mas isso não nos faz amá-los mais do que já amamos, pois o que caracteriza uma amizade não são as qualidades ou defeitos que o outro tem, mas o que sentimos por ele.

Identificamos os amigos levando em conta o tempo que eles dedicam um ao outro e o nível de intimidade que eles possuem. Os amigos conhecem um ao outro só pelo jeito de olhar — mesmo sem que qualquer palavra seja dita, o amigo identifica se o outro está feliz ou triste. Outra característica muito marcante dos amigos é que eles conhecem os segredos um do outro. Em outras palavras, o amigo é a pessoa com quem se troca confidências, pois muitas horas são passadas em diálogo.

BENEFÍCIOS DA AMIZADE

A ciência tem estudado a amizade e seus efeitos na vida das pessoas. Segundo vários estudos, existem muitas vantagens fisiológicas e psicológicas decorrentes da dinâmica da amizade. Deixe-me dar alguns exemplos:[1]

■ Pesquisadores da Universidade de Chicago, nos Estados Unidos, identificaram que pessoas muito solitárias tendem a ser mais indefesas, ter noites ruins de sono e sofrer mais com as complicações enfrentadas ao longo da vida, como o estresse. Outro estudo americano, publicado no *Journal of the*

---

[1]"Oito benefícios que a amizade traz para a sua vida", reportagem de Letícia Andrade. Disponível em: https://www.minhavida.com.br/bem-estar/galerias/13143-oito-beneficios-que-a-amizade-traz-para-sua-vida.

COSMOVISÃO cristã

American Medical Association, apontou uma relação entre solidão e o risco maior de desenvolver a doença de Alzheimer.

- A presença dos amigos aumenta em 50% a chance de você viver mais. O dado vem de pesquisadores da Brigham Young University, nos Estados Unidos, que analisaram 148 estudos feitos durante sete anos e meio. Segundo eles, quem passa grande parte da vida sem interações sociais tem um prejuízo relacionado à longevidade que pode ser comparado a fumar cigarros todos os dias, ser alcoólatra ou obeso.

- A felicidade é contagiante, e a comprovação vem de um estudo de universidades da Califórnia e de Harvard, nos Estados Unidos. Durante duas décadas, 5 mil pessoas foram analisadas. Como resultado, a probabilidade de sorrir mais para a vida cresceu em até 60% nos participantes que conviviam com pessoas alegres. É um efeito dominó: se você é otimista, a chance de seu amigo e até do amigo do seu amigo também ficarem felizes é muito maior.

- "Um estudo que durou dez anos, realizado na Universidade Columbia, nos Estados Unidos, mostrou que pessoas normalmente felizes, entusiasmadas e satisfeitas têm menos chance de ser depressivas e apresentam um risco 22% menor de ter infarto ou desenvolver doenças cardíacas". Os amigos nos proporcionam a possibilidade de vivermos em um ambiente assim.

- A amizade é boa para as crianças. "De acordo com um estudo da Universidade do Maine, nos Estados

Unidos, apenas um amigo de verdade já é suficiente para ajudar os pequenos a se desenvolverem psicologicamente e mandarem para longe a baixa autoestima, a ansiedade e a depressão".

A AMIZADE NO SENTIDO HORIZONTAL

A Bíblia apresenta muitos textos a respeito da amizade entre seus personagens, mas sem dúvida a história mais conhecida é a amizade entre Davi e Jônatas. O sentimento era tão forte, que Jônatas arriscava a própria vida em nome da segurança do seu amigo, como nos mostra o texto bíblico:

> Saul falou a seu filho Jônatas e a todos os seus conselheiros sobre a sua intenção de matar Davi. Jônatas, porém, gostava muito de Davi e o alertou: "Meu pai está procurando uma oportunidade para matá-lo. Tenha cuidado amanhã cedo. Vá para um esconderijo e fique por lá. Sairei e ficarei com meu pai no campo onde você estiver. Falarei a ele sobre você e, depois, contarei a você o que eu descobrir" (1Samuel 19:1-3).

O que acontecia entre Jônatas e Davi acontecerá entre quaisquer amigos; ou seja, eles se protegerão mutuamente dos males tanto físicos quanto espirituais. Amigos de verdade não permitem que seus amigos corram riscos; sendo assim, se alguém o convidar para situações arriscadas, atividades que colocarão sua integridade física ou moral em jogo, está demonstrando que não é seu amigo de verdade.

COSMOVISÃO cristã

Provérbios também possui textos interessantes sobre amizade, como: "O amigo ama em todos os momentos; é um irmão na adversidade" (Provérbios 17:17). Ou seja, as amizades mais profundas se mostram quando a situação fica difícil. Então, se alguém só quer estar com você em situações confortáveis, mas o abandona nas dificuldades, não está se mostrando um verdadeiro amigo.

Quero destacar mais um texto sobre amizade que é bastante esclarecedor: "Leais são as feridas feitas por um amigo, mas os beijos de um inimigo são enganosos" (Provérbios 27:6). Esse texto nos ensina que os verdadeiros amigos estão dispostos a falar as verdades que precisamos escutar, mesmo que isso nos fira. Ensina ainda que o sinal de inimizade é apenas fazer elogios, sem preocupação com o crescimento do outro.

A Bíblia também apresenta exemplos de falsos amigos e pessoas que foram traídas por eles. O maior exemplo, sem dúvida, está na relação entre Judas e Cristo. O texto bíblico registra a situação da seguinte forma:

> O traidor havia combinado um sinal com eles, dizendo-lhes: "Aquele a quem eu saudar com um beijo, é ele; prendam-no". Dirigindo-se imediatamente a Jesus, Judas disse: "Salve, Mestre!", e o beijou. Jesus perguntou: "Amigo, o que o traz?" Então os homens se aproximaram, agarraram Jesus e o prenderam (Mateus 26:48-50).

É interessante observar que até Cristo foi traído por um falso amigo, por isso ele sabe o que as pessoas sentem quando passam por esse mesmo sofrimento. Se você já foi

AMIZADE

traído por alguém, achegue-se a Cristo, pois ele sabe exatamente o que você está sentindo.

Há muitas outras coisas que poderíamos falar sobre a amizade no sentido horizontal, mas quero passar a pensar sobre a amizade no sentido vertical, ou seja, na maior e melhor amizade que devemos cultivar: a amizade com Cristo.

AMIZADE NO SENTIDO VERTICAL

A Bíblia traz um texto formidável sobre a maior amizade que poderíamos ter, e nele está escrito: "Já não os chamo servos, porque o servo não sabe o que faz o seu senhor. Em vez disso, eu os tenho chamado amigos, porque tudo o que ouvi de meu Pai eu tornei conhecido a vocês" (João 15:15).

Sem dúvida alguma, é uma tremenda honra sermos amigos de Cristo, e isso é mais uma amostra de quanto ele é misericordioso. Jesus é nosso Salvador e Senhor, mas também quer ser nosso Amigo. Que maravilha!

Diante desse fato, surge uma pergunta: O que significa ser amigo de Jesus? O nosso onisciente Amigo, sabendo que teríamos essa dúvida, deixou-nos a resposta em sua palavra.

Conhecer Jesus

O texto bíblico que lemos inicialmente faz uma oposição entre o servo e o amigo, e aqui já podemos identificar a primeira característica da amizade com Cristo. O servo não é íntimo do senhor; tem apenas uma relação de obediência, ou seja, trata-se de uma relação distante. Os amigos, no entanto, se conhecem, têm intimidade e, por isso, gostam de contar suas novidades um ao outro.

COSMOVISÃO cristã

Ao falar sobre nossa amizade com ele, Cristo disse: "tudo o que ouvi de meu Pai eu tornei conhecido a vocês". É perceptível nessa frase a figura de alguém que soube de uma notícia muito boa e corre para contar ao seu melhor amigo. Nosso Amigo-Salvador nos contou tudo o que o Pai celeste lhe falou. São as "confidências" de um amigo, com a diferença de que ele é a própria revelação do Pai.

Se quisermos ser amigos de Jesus, precisamos conhecê-lo mais, e isso acontece quando estudamos a sua revelação escrita: a Bíblia Sagrada. Foi ele mesmo quem disse: "Vocês estudam cuidadosamente as Escrituras, porque pensam que nelas vocês têm a vida eterna. E são as Escrituras que testemunha a meu respeito" (João 5:39).

É por meio do estudo da Bíblia que conhecemos Jesus, então, uma pessoa que não gasta tempo estudando a Palavra de Deus e aprofundando a intimidade por meio da oração não pode dizer que é amiga do Mestre, pois conhecê-lo é a primeira implicação da amizade com Cristo.

Obedecer a Jesus

O amigo Jesus é onisciente e, portanto, sabe o que é melhor para nós. Diferentemente dos amigos pecadores que nos aconselham, mas são limitados, nosso Amigo celestial consegue dar conselhos com a plena consciência de onde aquilo nos levará.

Por isso, ser amigo de Jesus também implica obedecer-lhe. Em João 15:14 lemos: "Vocês serão meus amigos, se fizerem o que eu ordeno". Parece um contrassenso — e até seria se fosse uma amizade entre dois pecadores —, mas o amigo de Jesus faz o que ele manda. Obedecer a Jesus é

AMIZADE

um grande benefício para nós, pois ele vê além do que conseguimos e, portanto, pode nos indicar o melhor caminho. Sendo assim, obedecer a Cristo não é nem de longe uma carga, mas sim um privilégio e uma segurança para nós.

Contudo, esse versículo nos traz uma condição para a nossa amizade vertical com o Senhor Jesus. No texto, existe a partícula condicional "se", ou seja, aquele que não obedece *não* é amigo de Cristo. Infelizmente, vemos hoje muitas pessoas que se dizem religiosas e até se declaram amigas de Jesus, dizem que o amam, mas vivem em declarada desobediência ao seu nome. Esses definitivamente não são amigos de Cristo.

O apóstolo João reforçou a ideia de vínculo entre amizade e obediência. Em João 14:15 lemos: "Se vocês me amam, obedecerão aos meus mandamentos". Aqui, o amor é sinônimo de obediência. Em 1João 5:2 encontramos: "Assim sabemos que amamos os filhos de Deus: amando a Deus e obedecendo aos seus mandamentos". Nesse texto, o apóstolo vincula o conhecer ao obedecer, e a mesma ideia se repete em 1João 2:3: "Sabemos que o conhecemos, se obedecemos aos seus mandamentos". Em outras palavras, ser amigo de Jesus é ter uma vida de obediência aos seus mandamentos, e é impossível que isso seja fingido.

Permanecer em Jesus

O capítulo 15 do Evangelho de João começa falando sobre a metáfora da videira e dos ramos, que é o tema geral do trecho, e é nesse contexto que Jesus introduz o assunto da amizade. Aqui, encontramos a terceira implicação de uma

105

COSMOVISÃO cristã

amizade com Cristo. João 15:9 nos diz: "Como o Pai me amou, assim eu os amei; permaneçam no meu amor".

Como sabemos que permanecemos no amor dele? O versículo seguinte nos responde: "Se vocês obedecerem aos meus mandamentos, permanecerão no meu amor, assim como tenho obedecido aos mandamentos de meu Pai e em seu amor permaneço".

Essa passagem precisa ser bem entendida. A obediência é a maior evidência, ou sinal, de que alguém permanece em Cristo. Nós não obedecemos a Jesus *para* estarmos ligados a ele, mas obedecemos a Jesus *porque* estamos ligados a ele. A mensagem geral do capítulo é a seguinte: obediência é fruto da permanência, e só frutificamos quando estamos ligados a Jesus.

Neste momento, surge uma pergunta intrigante: se Jesus é completo em si mesmo, por que ele faz tanta questão da nossa amizade? O versículo 11 tem a resposta para essa pergunta: "Tenho dito estas palavras para que a minha alegria esteja em vocês e a alegria de vocês seja completa". Que amor do nosso Amigo! Jesus quer colocar a alegria dele em nós. O apóstolo João repete essa vontade de Cristo mais vezes: "Até agora vocês não pediram nada em meu nome. Peçam e receberão, para que a alegria de vocês seja completa" (João 16:24); "Agora vou para ti, mas digo estas coisas enquanto ainda estou no mundo, para que eles tenham a plenitude da minha alegria" (João 17:13); e "Escrevemos estas coisas para que a nossa alegria seja completa" (1João 1:4).

Nosso Amigo Jesus quer nos fazer pessoas alegres, de modo que, mesmo quando enfrentarmos as dificuldades dessa vida, se formos amigos dele, estaremos alegres, não importa a circunstância.

AMIZADE

POR QUE DEVEMOS SER AMIGOS DE JESUS?

Nós nos tornamos amigos de alguém por diversos motivos, mas o motivo que temos para sermos amigos de Cristo é o mais sublime de todos. João expressou esse motivo da seguinte maneira: "Ninguém tem maior amor do que aquele que dá a sua vida pelos seus amigos" (João 15:13). E nosso amigo deu a vida por nós.

Todos nós estávamos condenados à morte e presos ao pecado, mas Jesus deixou seu trono para ser humilhado em nosso lugar e, assim, nos dar a possibilidade de vida eterna:

> Cristo foi tratado como nós merecíamos para que pudéssemos receber o tratamento a que Ele tinha direito. Foi condenado pelos nossos pecados, nos quais não tinha participação, para que fôssemos justificados por Sua justiça, na qual não tínhamos parte. Sofreu a morte que nos cabia, para que recebêssemos a vida que a Ele pertencia".[2]

Depois de ler algo assim, responda: como não ser amigo de alguém que nos ama tanto?

Diante do que nosso amigo Jesus fez por nós, não podemos negar nossa devoção a ele. Teremos que dizer como o apóstolo Paulo: "Pois o amor de Cristo nos constrange" (2Coríntios 5:14).

---

[2]WHITE, Ellen G. *O desejado de todas as nações* (Casa Publicadora Brasileira), p. 25.

COSMOVISÃO cristã

Existe uma última característica dos amigos que também revela a amizade com Cristo: o amigo gosta de estar na casa do outro. O apóstolo João fala para onde nossa amizade com Cristo nos levará: "Não se perturbe o coração de vocês. Creiam em Deus; creiam também em mim. Na casa de meu Pai há muitos aposentos; se não fosse assim, eu lhes teria dito. Vou preparar-lhes lugar. E se eu for e lhes preparar lugar, voltarei e os levarei para mim, para que vocês estejam onde eu estiver (João 14:1-3)". Um dia nosso amigo Jesus virá nos levar para a casa que ele preparou para nós, e nunca mais nos separaremos dele. Mas só irão para lá os que forem amigos dele desde já. Portanto, aprofundemos nossa amizade com Jesus a cada dia.

CAPÍTULO 7

GRAÇA E LEI

O mundo cristão de vez em quando se depara com questões que balançam a fé que alguns possuem. São temas importantes que nem sempre são tratados da melhor forma possível, e por isso muitas pessoas sinceras acabam se enveredando por caminhos que põem em risco seu destino eterno.

Um desses temas é a relação entre a lei e graça. Sobre esse assunto, muitas perguntas surgem, tais como: a graça é suficiente para me salvar ou preciso fazer algo? Se sou salvo pela graça, por que devo guardar a Lei? Se Jesus é amor, ele me condenará porque não cumpro a Lei? Ainda devo cumprir a Lei mesmo estando sob a graça? Graças a Deus que deixou na Bíblia argumentos suficientes para que possamos responder a todas essas perguntas. Nas próximas páginas, vamos pensar sobre o assunto sob a ótica cristã.

O PODER LEGISLATIVO

O sistema político brasileiro está dividido em três poderes: o executivo, o legislativo e o judiciário. Cada um tem a função de atuar para ajudar e fiscalizar o outro. Aqui, vamos colocar nosso foco no poder legislativo.

No Poder Legislativo, o *Congresso Nacional* é constituído por *senadores* e *deputados* federais. Os *deputados estaduais* representam a população no nível estadual; os *vereadores*, no âmbito municipal. Os senadores, deputados e vereadores são responsáveis pela criação de leis e pela fiscalização do *Poder Executivo*.[1]

---

[1]"Poder Legislativo: o que é e como funciona?", disponível em: https://www.politize.com.br/poder-legislativo-o-que-e-e-como-funciona.

As leis criadas no Congresso Nacional servem (ou deveriam servir) para que o Brasil avance rumo a um futuro melhor e para que os direitos dos cidadãos sejam garantidos. Os projetos de lei são discutidos pelos parlamentares em várias rodadas de discussões, que depois são votadas e, por fim, sancionadas pelo presidente da República — esse é o caminho de confecção de uma lei no Brasil.

Com a lei de Deus não foi assim; não houve discussão. Deus, o soberano do universo, criou as leis que ele, em sua sabedoria, sabia que seriam úteis para os seres humanos. Algumas pessoas defendem que não precisamos mais obedecer a essa lei, mas será que é assim mesmo?

A SALVAÇÃO: SOMENTE PELA GRAÇA

Seria imprudente começarmos a conversar sobre a lei de Deus sem abordarmos também o assunto da graça. Essa relação entre a graça e a lei de Deus é um dos temas mais lindos e interessantes da Bíblia, mas, infelizmente, algumas pessoas ainda não o compreenderam muito bem, e por isso existem distorções a esse respeito. Por esse motivo, quero convidá-lo para um aprofundamento nesse tema e uma melhor compreensão da questão.

Certamente um dos assuntos mais lindos e gostosos no estudo da Bíblia é a graça de Cristo. Ao longo de todo o livro sagrado, encontramos evidências desse inexplicável e incompreensível amor que nos salva, apesar de nós mesmos. Diferentemente do que algumas pessoas defendem, é possível encontrar a graça tanto no Antigo Testamento quanto no Novo Testamento, e isso acontece porque o mesmo

COSMOVISÃO cristã

Deus gracioso do Novo Testamento é também o Deus do Antigo Testamento.

A mensagem da graça é confortante, e precisamos tê-la profundamente arraigada em nosso coração, uma vez que compreendê-la é um dos fundamentos da fé e um dos segredos para uma vida cristã feliz e produtiva.

A Bíblia apresenta o que devo fazer para ser salvo. No diálogo entre Paulo, Silas e o carcereiro, lemos: "Então levou-os para fora e perguntou: 'Senhores, que devo fazer para ser salvo?' Eles responderam: 'Creia no Senhor Jesus, e serão salvos, você e os de sua casa'" (Atos 16:30,31). Isso parece muito simples: "creia e será salvo". E realmente é simples, tão simples que temos dificuldade de entender. É um paradoxo dos seres humanos — compreendemos coisas muito complexas e temos dificuldades de entender coisas muito simples, como a graça de Cristo.

A condição humana pede um amor nas dimensões do amor de Deus, pois "todos pecaram e estão destituídos da glória de Deus" (Romanos 3:23). Em Romanos 6:23, Paulo escreveu que "o salário do pecado é a morte". Se todos pecaram e o salário do pecado é a morte, logo todos nós estamos condenados à morte.

Essa metáfora do salário é bastante interessante, e vale a pena pensar um pouco mais nela. É provável que você trabalhe como assalariado — essa é a minha condição também. Você passa o mês inteiro se esforçando, suando a camisa, desgastando-se em seu trabalho, até que, no final do mês, a empresa deposita o seu salário. Acredito que você não envie um recado para o seu patrão agradecendo pelo salário depositado, e não faz isso porque o seu salário é

GRAÇA E LEI

algo que você merece, ou seja, você fez por merecer aquela quantia e não tem de agradecê-la a ninguém.

Era isso que Paulo estava tentando nos dizer ao utilizar a metáfora do salário. Nós merecemos a morte, porque fizemos por merecê-la. E eu não estou me referindo apenas ao pecado de Adão e Eva no Éden, mas aos pecados que cometemos todos os dias — eles nos fazem merecedores da condenação à morte.

Todos estamos na condição de pecadores e, portanto, perdidos. Em virtude de nossa condição caída, a justiça humana não serve para nos garantir a salvação, e é por isso que somos "justificados gratuitamente por sua graça, por meio da redenção que há em Cristo Jesus" (Romanos 3:24). Percebeu a palavra "gratuitamente"? Que graça! Paulo ainda completa: "sustentamos que o homem é justificado pela fé, independente da obediência à Lei" (Romanos 3:28).

A Bíblia é clara quando diz que a nossa salvação vem apenas de Jesus. "Pois vocês são salvos pela graça, por meio da fé, e isto não vem de vocês, é dom de Deus; não por obras, para que ninguém se glorie" (Efésios 2:8-9). Ninguém poderá chegar ao céu e dizer que está lá por causa de seus próprios méritos. Todos reconhecerão que foram salvos por causa do incrível amor de Deus, tão bem descrito em João 3:16: "Porque Deus tanto amou o mundo que deu o seu Filho Unigênito, para que todo o que nele crer não pereça, mas tenha a vida eterna".

Esse é um conceito que precisa estar muito claro em nossa mente. Se assim acontecer, nunca mais teremos dificuldade em sermos obedientes a Deus, porque será muito difícil que queiramos decepcionar alguém como Cristo, que

COSMOVISÃO cristã

tanto nos amou. E a salvação pertence a todos que aceitarem a graça de Jesus.

Conta-se a história de um menino que morava nos Estados Unidos. Um dia, ao passear com seu pai por um parque da cidade, viu um grande monumento. O menino puxou a calça de seu pai e disse: "Pai, quero comprar o monumento para mim". O pai, comovido pela inocência da criança, pediu que ela falasse com o policial que estava perto da escultura

O garoto se aproximou do policial e falou de sua intenção de comprar aquele grande objeto. O policial, com um sorriso no rosto, perguntou quanto o menino tinha no bolso. Depois de conferir seu dinheiro, o garoto disse ao policial que tinha cinquenta centavos e perguntou se com aquele valor ele compraria o monumento.

O policial perguntou ao menino se ele era americano; diante da resposta positiva, pediu-lhe que guardasse o dinheiro e disse: "Este monumento não está à venda; todo o seu dinheiro não o compraria, mas, por você ser americano, ele já é seu".

É assim com a salvação. Não está à venda, e todo o nosso dinheiro não a compraria, mas ela já pertence a todos aqueles que aceitam o sacrifício de Cristo na cruz.

A GRAÇA NOS ISENTA DA LEI?

Há uma grande controvérsia no meio cristão a respeito da relação entre a graça e a Lei de Deus. Muitos acreditam que a morte de Jesus na cruz por nós nos isenta de cumprir a Lei, como se o sacrifício de Cristo fosse um passaporte para deixarmos todas as nossas paixões soltas para que

GRAÇA E LEI

cumpram a sua vontade. Mas não é isso o que a Bíblia diz sobre a lei de Deus. Não resta dúvida de que somos salvos apenas pela graça, como vimos no tópico anterior, mas a graça de Cristo não anulou a Lei de Deus.

A primeira coisa que precisamos é entender a função de lei. Em Romanos 7:7, lemos: "Que diremos então? A Lei é pecado? De maneira nenhuma! De fato, eu não saberia o que é pecado, a não ser por meio da lei. Pois, na realidade, eu não saberia o que é cobiça, se a Lei não dissesse: 'Não cobiçarás'". A função da lei nunca foi salvar. Como lemos anteriormente, a Lei serve para indicar o pecado.

A ilustração do espelho é muito útil. Quando vemos a nossa imagem em um espelho e detectamos uma sujeira em nosso rosto, não apelamos para que o espelho nos limpe; em vez disso, usamos a água para nos lavar. A Lei é como o espelho: ao olharmos para ela, vemos onde estamos errados, mas somente Jesus, a água da vida, pode nos limpar do nosso pecado.

É útil neste momento definirmos pecado, e, para isso, recorremos à Bíblia, que tem uma definição clássica do que é o pecado. Lemos assim: "Todo aquele que pratica o pecado transgride a Lei; de fato o pecado é transgressão da Lei" (1João 3:4).

Embora a Bíblia tenha algumas palavras diferentes para se referir ao pecado, todas elas se encaixam na quebra da lei de Deus, por isso essa definição consegue englobar toda a complexidade do assunto.

Apenas a ilustração do espelho e as palavras de Paulo já seriam suficientes para que concluíssemos que a Lei não foi abolida, mas pode ser que ainda reste um pensamento de que a graça de Deus nos livra das obrigações da Lei.

COSMOVISÃO cristã

Por isso, quero me deter um pouco mais no capítulo 6 da carta que Paulo escreveu aos romanos. Ali, o apóstolo nos apresenta a teologia da graça e da Lei que nos ajudará a sanar todas as nossas dúvidas a respeito do assunto.

ROMANOS 6 E A TEOLOGIA DA GRAÇA E DA LEI

Vamos analisar alguns versículos do capítulo 6 de Romanos, em que o apóstolo foi bastante claro. Os cristãos romanos receberam a mensagem da graça de Deus com muita alegria; contudo, não a entenderam completamente e acharam que, por causa da graça de Cristo, estavam desobrigados de guardar a Lei de Deus, ou pior: queriam pecar mais para que recebessem mais graça.

Para resolver essas distorções, Paulo escreveu a Carta aos Romanos, e nela o apóstolo coloca tudo em seu devido lugar.

Romanos 6:1 — Que diremos, pois? Permaneceremos no pecado, para que seja a graça mais abundante?[2]

Parece impossível que uma pessoa tenha esse tipo de pensamento tão absurdo, isto é, pecar mais apenas para receber mais graça, mas não é impossível. Aliás, o apóstolo Paulo está escrevendo aos romanos exatamente para resolver essa distorção.

Cada época tem produzido sua cota de tais enganadores. Um exemplo que nos vem imediatamente à mente é

---

[2]Aqui e nas demais referências bíblicas dessa análise de Romanos 6 a versão utilizada foi a Almeida Revista e Atualizada (ARA).

GRAÇA E LEI

o do monge russo Rasputin. Por certo tempo, ele foi um protegido muito influente do imperador Nicolau II, e sua doutrina parece ter sido esta: "Quanto mais uma pessoa peca, mais graça ela receberá. Portanto, peque à vontade".[3]

O apóstolo Paulo de imediato oferece uma resposta contundente a essa ideia:

Romanos 6:2 — *De modo nenhum! Como viveremos ainda no pecado, nós os que para ele morremos?*

Nesse versículo, o apóstolo suscita uma metáfora que nos é muito útil para ajudar na compreensão dessa verdade teológica. Aqueles que aceitaram a graça de Cristo morreram para o pecado, e essa verdade é simbolizada pelo batismo por imersão, assim como Jesus foi batizado. Ali, no tanque batismal, quando somos submersos, é como se estivéssemos sendo sepultados; quando emergimos, é como se estivéssemos sendo ressuscitados para a nossa nova vida. Os próximos versículos atestam essa verdade:

Romanos 6:3-4 — *Ou, porventura, ignorais que todos nós que fomos batizados em Cristo Jesus fomos batizados na sua morte? Fomos, pois, sepultados com ele na morte pelo batismo; para que, como Cristo foi ressuscitado dentre os mortos pela glória do Pai, assim também andemos nós em novidade de vida.*

Quero tentar ilustrar essa metáfora da morte para o pecado usando a figura de uma múmia. Vamos imaginar que, antes de falecer, aquela pessoa mumificada gostava muito

---

[3]HENDRIKSEN, W. *Romanos*, 2. ed. (São Paulo: Cultura Cristã, 2011), p. 246.

COSMOVISÃO cristã

de pêssego. Ela não resistia à fruta, tanto que, se encontrasse uma, a comeria depressa. Mas agora aquela pessoa está morta e mumificada. O que acontecerá se colocarmos perto do corpo morto uma bandeja cheia de pêssegos frescos? Isso mesmo, não acontecerá nada, porque mortos não comem pêssegos.

O pecado era um fruto saboroso para a pessoa antes que ela morresse para o pecado por meio da graça de Cristo. Portanto, após a sua ressurreição para uma nova vida, o pecado não mais a atrairá, pois os mortos para o pecado não se entregam mais aos atos pecaminosos.

Romanos 6:12-14 — Não reine, portanto, o pecado em vosso corpo mortal, de maneira que obedeçais às suas paixões; nem ofereçais cada um os membros do seu corpo ao pecado, como instrumentos de iniquidade; mas oferecei-vos a Deus, como ressurretos dentre os mortos, e os vossos membros, a Deus, como instrumentos de justiça. Porque o pecado não terá domínio sobre vós; pois não estais debaixo da lei, e sim da graça.

Aqui, Paulo reforça sua teologia; porém, uma expressão do apóstolo o preocupou, porque poderia gerar interpretações erradas (como gera até os dias atuais). Paulo disse que não estamos debaixo da Lei, e sim da graça. Isso precisa ser bem compreendido, e ele nos ajudou:

Romanos 6:15-17 — E daí? Havemos de pecar porque não estamos debaixo da Lei, e sim da graça? De modo nenhum! Não sabeis que daquele a quem vos ofereceis como servos para obediência, desse mesmo a quem obedeceis sois servos, seja do pecado para a morte ou da obediência para a justiça? Mas graças

GRAÇA E LEI

a Deus porque, outrora, escravos do pecado, contudo, viestes a obedecer de coração à forma de doutrina a que fostes entregues.

Paulo está afirmando que fomos salvos para obedecer, ou seja, em vez de a graça nos eximir de guardarmos a Lei de Deus, ela nos impulsiona a fazê-lo. Em outras palavras, Cristo nos salva para deixarmos de ser servos do pecado e passarmos a ser servos de Deus em obediência.

Romanos 6:22-23 — Agora, porém, libertados do pecado, transformados em servos de Deus, tendes o vosso fruto para a santificação e, por fim, a vida eterna; porque o salário do pecado é a morte, mas o dom gratuito de Deus é a vida eterna em Cristo Jesus, nosso Senhor.

A mensagem está muito clara. Quando recebemos a graça de Deus que nos liberta da condenação do pecado, somos colocados imediatamente no processo de santificação, que é o afastamento dos atos pecaminosos e a aproximação gradual e constante da semelhança com Cristo.

É importante que destaquemos a visão de Paulo a respeito da Lei de Deus, e ele a deixou bem clara para nós. Romanos 7:7-12 registra:

> Que diremos, pois? É a lei pecado? De modo nenhum!
> Mas eu não teria conhecido o pecado, senão por
> intermédio da Lei; pois não teria eu conhecido a cobiça,
> se a Lei não dissera: Não cobiçarás. Mas o pecado,
> tomando ocasião pelo mandamento, despertou em mim
> toda sorte de concupiscência; porque, sem Lei, está morto

o pecado. Outrora, sem a Lei, eu vivia; mas, sobrevindo o preceito, reviveu o pecado, e eu morri. E o mandamento que me fora para vida, verifiquei que este mesmo se me tornou para morte. Porque o pecado, prevalecendo-se do mandamento, pelo mesmo mandamento, me enganou e me matou. Por conseguinte, a Lei é santa; e o mandamento, santo, e justo, e bom (ARA).

Não existem razões teológicas para se pensar que a graça nos exime de guardar a Lei de Deus. O pensamento bíblico é exatamente o contrário: quanto mais compreendemos a graça de Deus, mais seremos impulsionados a ser fiéis à sua Lei.

DEVEMOS GUARDAR A LEI COMO RECONHECIMENTO DA GRAÇA RECEBIDA

Diante dessas passagens, podemos concluir que a Lei divina não foi anulada pela morte de Jesus e que ainda temos a obrigação de observá-la, pois essa é a vontade de Deus.

Infelizmente, alguns cristãos estão confundindo o pecado acidental, que é aquele que está presente na vida do cristão convertido, com o pecado por rebelião. A graça de Cristo é suficiente para perdoar o pecado acidental, mas Deus reprova e condena o pecador consciente, ou seja, aquele que pratica o pecado por escolha.

Deus fala sobre filhos rebeldes em Isaías 30:1,9:

Ai dos filhos obstinados, declara o Senhor, que executam planos que não são meus, e fazem acordo sem minha aprovação, para ajuntar pecado sobre pecado! [...] Esse povo é rebelde; são filhos mentirosos, filhos que não querem saber da instrução do SENHOR.

O Novo Testamento confirma a aversão de Deus ao pecado consciente. O autor de Hebreus diz, no capítulo 10:26: "Se continuarmos a pecar deliberadamente depois que recebemos o conhecimento da verdade, já não resta sacrifício pelos pecados". Resumindo, não há respaldo bíblico para transgredirmos a Lei de Deus baseados na graça de Cristo.

O fato é que grande parte dos cristãos não tem problema com nove dos dez mandamentos, e dificilmente veremos alguém defendendo o furto, o adultério ou a desonra a pai e mãe. O mandamento que incomoda é o quarto, o sábado, por isso não podemos encerrar esta seção sem citar Tiago 2:10: "Pois quem obedece toda a Lei, mas tropeçar em apenas um ponto, torna-se culpado de quebrá-la inteiramente". Portanto, mesmo após a morte de Cristo, ainda é vontade de Deus que guardemos todos os seus mandamentos.

O DEUS QUE ME SALVOU GRATUITAMENTE

Imagine que você recebeu um presente muito grande e caro de alguém que não tinha obrigação nenhuma de presenteá-lo. Certamente o seu sentimento com relação à pessoa que o presenteou seria de muita gratidão.

O presente que recebemos de Jesus — a salvação — é maior do que qualquer coisa que poderíamos receber, e

COSMOVISÃO cristã

nosso sentimento com relação a ele é de amor. Dificilmente você ouvirá de um cristão que ele não ama Jesus.

Nosso amor por ele cresce mais ainda quando meditamos no desprendido amor de Deus. "Mas Deus demonstra seu amor por nós: Cristo morreu em nosso favor quando ainda éramos pecadores" (Romanos 5:8). Não tem como não amar alguém que me ama tanto.

A Bíblia nos diz quais os sinais existentes na vida de alguém que ama Jesus. Em João 14:15, Jesus nos diz: "Se vocês me amam obedecerão aos meus mandamentos".

Outro título que os cristãos gostam de tomar para si é o de "amigos de Jesus". Todos nós queremos ser amigos do grande Mestre; porém, Jesus estabeleceu as "regras" dessa amizade: "Vocês serão meus amigos, se fizerem o que eu ordeno" (João 15:14).

Amar a Deus é mais que palavras: amar a Deus envolve ação. "Assim sabemos que amamos os filhos de Deus: amando a Deus e obedecendo aos seus mandamentos. Porque nisto consiste o amor a Deus: obedecer aos seus mandamentos. E os seus mandamentos não são pesados" (1João 5:2-3).

Imagine que um homem infiel foi descoberto por sua esposa, que, depois de muito sofrimento, resolveu perdoar seu marido e aceitá-lo de volta. Esse marido perdoado, depois de pouco tempo, voltou a trair a mulher confiando que seria perdoado novamente. Esse marido não entendeu o perdão de sua esposa, ou seja, ela não o perdoou para que ele continuasse no erro.

Quando Jesus nos perdoa, seu perdão deve nos levar a abandonar o pecado e buscar a fidelidade à sua vontade, pois a graça de Cristo é suficiente para nos perdoar, mas, além disso, a graça nos dá poder para deixarmos as trevas e andarmos na luz.

CAPÍTULO 8

CRIAÇÃO

Uma das questões mais controvertidas nas universidades é o assunto das origens. Alguns creem na criação, outros na evolução, outros não sabem em que creem. A verdade é que, dependendo da sua crença com relação às origens, você lidará de maneira diferente com as coisas do cotidiano. Sim, a sua crença a respeito das origens modifica a forma como você vê o mundo, por isso eu o convido agora a pensar sobre isso com base na ótica cristã.

FUNDAMENTOS SÓLIDOS

Onde você estava no dia 11 de setembro de 2001? Essa é uma data que marcou a vida de muitas pessoas; embora já tenham se passado duas décadas, muitas pessoas ainda se lembram perfeitamente do que estava fazendo naquele dia.

Eu estava andando pelo centro da cidade de Fortaleza, no Ceará, por volta das nove horas da manhã, quando parei diante de alguns televisores ligados na vitrine de uma loja. Muitas pessoas já estavam paradas também assistindo ao que me pareceu um novo filme de Hollywood: as torres gêmeas do World Trade Center, em Nova York, sendo atingidas por aviões e depois indo ao chão.

Eu sinceramente pensava que se tratava apenas de uma produção cinematográfica; porém, quando ouvi os comentários dos jornalistas nos noticiários, que entravam a toda hora no ar, e das pessoas ao meu redor, fui me convencendo do horror e da autenticidade das imagens. De fato, dois aviões foram jogados sobre as torres naquela manhã.

CRIAÇÃO

Centenas de pessoas morreram logo no impacto dos aviões e outras tantas morreram no evento seguinte, igualmente inacreditável, que aconteceu cerca de duas horas depois de as torres serem atingidas. O mundo assistiu a dois prédios "à prova de aviões" desmoronarem.

Aquela era uma cena impensável para muitas pessoas. Diziam que as torres eram resistentes o suficiente para aguentar o impacto de um avião, e ninguém esperava que elas fossem ao chão. Segundo o site da Folha de São Paulo,[1] o excesso de calor e a grande quantidade de combustível dos aviões (que tinham acabado de ser abastecidos no aeroporto) abalaram as estruturas e as bases das torres, e isso as levou ao desmoronamento.

Mesmo o prédio mais imponente, se não estiver com suas bases sólidas, irá certamente ao chão, e isso acontece com construções físicas e também com construções filosóficas e teológicas; ou seja, qualquer ideia que não tenha uma boa base está fadada a ser destruída em pouco tempo.

Não faz muito tempo, li a seguinte manchete em um jornal: "Big Bang e Teoria da Evolução não contradizem cristianismo, diz Papa".[2] Na reportagem, o jornalista dizia: "O Papa Francisco afirmou nesta segunda-feira (27), durante discurso na Pontifícia Academia de Ciências, que a Teoria da Evolução e o Big Bang são reais, e criticou a interpretação das pessoas que leem o Gênesis, livro da Bíblia, achando que

---

[1]"Calor amoleceu colunas e vigas, causando a derrubada dos prédios". Disponível em: www1.folha.uol.com.br/fsp/especial/fj1309200109.htm.

[2]Disponível em: http://g1.globo.com/ciencia-e-saude/noticia/2014/10/papa-diz-que-big-bang-e-teoria-da-evolucao-nao-contradizem-lei-crista.html.

COSMOVISÃO cristã

Deus 'tenha agido como um mago, com uma varinha mágica capaz de criar todas as coisas'". 'Mas não é assim', explica".

Em outras palavras, a reportagem mostra que o líder religioso citado não crê no relato da criação como está registrado em Gênesis. Além disso, ele estava fazendo um ataque à literalidade dos primeiros capítulos da Bíblia.

EVOLUCIONISMO TEÍSTA

Não é só a igreja católica que tem tomado essa posição. Muitos pretensos cristãos evangélicos estão também assumindo uma postura de desconfiar do relato literal da criação em seis dias de 24 horas, conforme descrito pela Bíblia.

A maior tristeza, no entanto, é saber que mesmo adventistas do sétimo dia estão deixando de crer na literalidade de Gênesis para crer em outras alternativas de explicação das origens do universo e da vida.

Uma das explicações mais aceitas no meio cristão hoje é o evolucionismo teísta. Segundo essa visão, Deus existe, mas não criou o mundo como a Bíblia descreve em Gênesis. Para quem acredita nessa corrente, Deus teria conduzido o processo evolutivo, e cada dia da criação descrito na Bíblia seria o correspondente a uma era geológica de evolução das espécies.

Essa é uma tentativa de harmonizar a crença em um Deus criador e ao mesmo tempo considerar válido o modelo evolutivo que defende que a vida levou milhões de anos até chegar ao que conhecemos hoje.

Alguns desses "cristãos" (coloco entre aspas porque nenhum cristão de verdade — que crê em Jesus Cristo como

CRIAÇÃO

Deus — pode acreditar no evolucionismo teísta. Explicarei a razão mais à frente.) defendem que não é possível harmonizar a ciência e a teologia considerando a literalidade de Gênesis. Porém, eles se esquecem de que, com o olhar correto, a ciência e a teologia são irmãs e complementares, como explica Richard Bube:[3]

> A ciência e a Teologia elaboram descrições do mundo em que vivemos, bem como o seu relacionamento com Deus, o Criador, Mantenedor e Redentor. A descrição completa e detalhada desse relacionamento transcende tanto a experiência como a linguagem humana. Deus escolheu revelar-se a nós mediante o uso de descrições teológicas que podemos facilmente entender, e que ao mesmo tempo são capazes de nos apresentar visões válidas de sua verdade. Essas descrições não são, porém, exaustivas, e não deixa de ser apropriado integrá-las com descrições científicas autênticas do mecanismo da atividade de Deus no Universo físico.

É perfeitamente possível harmonizar a ciência e a visão bíblica da criação, e não será necessário apelar para o evolucionismo teísta, pois um Deus de amor não se utilizaria de um mecanismo cruel e sanguinário como a evolução das espécies para criar a Terra. Ele tem poder suficiente para falar e tudo passar a existir (cf. Hebreus 11:3).

---

[3]*Perguntas e respostas sobre o criacionismo e evolucionismo (duas estruturas conceituais)*: coletânea de 200 perguntas mais frequentes com respostas elaboradas pela SCB em três níveis distintos de profundidade. Ruy Carlos de Camargo Vieira (org.), p. 27.

COSMOVISÃO cristã

UM PROBLEMA MAIOR

Crer que o que Gênesis descreve como o ato criativo de Deus não é algo literal, acreditar que os primeiros capítulos da Bíblia não são fatos históricos é algo que traz não apenas um prejuízo para o criacionismo bíblico; na verdade, o prejuízo é muito maior do que muitas pessoas imaginam.

As principais doutrinas bíblicas têm sua base nos primeiros capítulos da Bíblia, e "desliteralizar" Gênesis seria o suficiente para descaracterizar toda a base do cristianismo. Se os primeiros capítulos da Bíblia não forem literais, então seria melhor jogarmos as Sagradas Escrituras no lixo e gastarmos nosso precioso tempo lendo algo mais útil.

Se tirarmos o Gênesis, toda a Escritura passaria a ser apenas um livro antigo cheio de mentiras e ensinamentos sem base. Para exemplificar essa questão, apresento a seguir dez verdades bíblicas fundamentais que se perderiam com a descaracterização da literalidade da semana da criação e dos capítulos seguintes a esse relato.

DEZ VERDADES BÍBLICAS PERDIDAS SE GÊNESIS NÃO FOR LITERAL

1. Criação

O primeiro versículo da Bíblia diz: "No princípio Deus criou os céus e a terra" (Gênesis 1:1). A primeira verdade bíblica perdida seria o fato de termos um Deus Criador poderoso em sua palavra. Os cristãos confiam que Deus é onipotente, portanto não há nada que ele não possa fazer. O verbo hebraico traduzido como 'criar', no versículo citado, é "*Bará*", e indica que Deus tem poder para criar do nada. Refere-se

CRIAÇÃO

a uma ação que resulta em algo inédito e imprevisível, e só pode ter Deus como sujeito da ação.[4]

Esse mesmo verbo foi usado por Davi quando escreveu: "Cria em mim um coração puro, ó Deus, e renova dentro de mim um espírito estável" (Salmo 51:10). Se não cremos que Deus teve poder para criar do nada apenas com sua palavra no início de tudo, por que creremos que ele tem o poder de criar um coração transformado nas pessoas hoje? A primeira verdade perdida seria a de um Deus poderoso em nos criar e recriar física e espiritualmente. Seria uma tragédia.

2. Sábado

A segunda verdade bíblica que se perderia seria o dia santo de Deus, o sábado. Lemos assim em Gênesis 2:1-3: "Assim foram concluídos os céus e a terra, e tudo o que neles há. No sétimo dia Deus já havia concluído a obra que realizara, e nesse dia descansou. Abençoou Deus o sétimo dia e o santificou, porque nele descansou de toda a obra que realizara na criação".

O sábado só tem sentido por causa da criação. Sem semana literal, não tem sábado literal. Caso cada dia relatado em Gênesis fosse uma era geológica de milhões de anos, Deus estaria nos mandando guardar um sábado de milhões de anos também? Seria muito estranho!

A palavra hebraica *yom*, usada para "dia" no relato de Gênesis e em tantas outras passagens da Bíblia, indica um dia literal de 24 horas. Não existe nada no texto que

---

[4]*Comentário Bíblico Adventista do Sétimo Dia*, Vanderlei Dorneles (ed.) (Tatuí: Casa Publicadora Brasileira, 2011), p. 188.

COSMOVISÃO cristã

indique algo diferente. Perderíamos a bênção do sábado se "desliteralizássemos" o relato da criação.

3. Família heterossexual, monogâmica

Leia com atenção este trecho bíblico: "Então o SENHOR Deus declarou: 'Não é bom que o homem esteja só; farei para ele alguém que o auxilie e lhe corresponda' [...] Com a costela que havia tirado do homem, o SENHOR Deus fez uma mulher e a levou até ele" (Gênesis 2:18,22).

Deus, em sua infinita sabedoria, criou *um homem* para *uma mulher*, e nesse fato existem dois recados claros de Deus para a humanidade: Deus considera legítimo um relacionamento amoroso entre pessoas de sexos diferentes; e cada pessoa deve ter apenas um companheiro. Ou seja, o casamento bíblico é heterossexual e monogâmico, e a base desse ensinamento (repetido ao longo da Bíblia) está em Gênesis. Perderíamos esse padrão moral para sempre caso não fosse literal o relato da criação. Sem criação literal, não existe padrão para a orientação sexual humana.

4. Sexo após o casamento

O padrão moral para a sexualidade humana em nossos dias está rente ao chão, pois, infelizmente, os jovens não respeitam mais os limites do casamento para a atividade sexual. Não haveria problemas nisso se não tivéssemos o Gênesis. Moisés escreveu, inspirado por Deus: "Por essa razão, o homem deixará pai e mãe e se unirá à sua mulher, e eles se tornarão uma só carne" (Gênesis 2:24).

A expressão "uma só carne" é uma referência direta a um grau de intimidade máximo conseguido entre duas

CRIAÇÃO

pessoas, e essa intimidade envolve aspectos sentimentais, mas, principalmente, envolve aspectos físicos. A base da doutrina da pureza sexual está na criação; sem ela, tudo está liberado e não existe um padrão de certo e errado.

5. Estado do homem na morte

Não precisa se demorar muito na frente do televisor para encontrar referências explícitas ao espiritismo em nossa sociedade, o qual é um ensinamento antibíblico e preciso ser combatido pela igreja.

No entanto, se a semana da criação não foi literal, nós perdemos a base do ensinamento correto a respeito do estado do homem na morte. A Bíblia diz: "Então o Senhor Deus formou o homem do pó da terra e soprou em suas narinas o fôlego de vida, e o homem se tornou uma alma vivente" (Gênesis 2:7).

O ser humano não tem uma alma; ele é uma alma, e essa doutrina bíblica se perderia completamente se a criação não fosse literal.

6. Trindade/monoteísmo

A Bíblia afirma, ao longo de seu texto sagrado, que nós temos um Deus triúno. São três pessoas que formam um Deus apenas, e esse é um conceito que não compreendemos completamente, mas aceitamos em respeito ao que Deus nos revelou.

Em Gênesis, temos as primeiras referências a um Deus plural. "No princípio Deus criou os céus e a terra" (Gênesis 1:1). A palavra usada para Deus é *Elohim*, que é o plural da palavra Deus, indicando que existe mais de uma pessoa na divindade. Outra confirmação dessa teologia está na frase:

COSMOVISÃO cristã

"Façamos o homem à nossa imagem, conforme a nossa semelhança" (Gênesis 1:26). Existe uma pluralidade envolvida na frase.

É lógico que a doutrina da trindade não depende apenas desses versículos, mas retirar a literalidade de Gênesis seria perder a base dessa importante doutrina bíblica.

7. Entrada do pecado

A Bíblia registra, em Gênesis 3:6-7:

> Quando a mulher viu que a árvore parecia agradável ao paladar, era atraente aos olhos e, além disso, desejável para dela se obter discernimento, tomou do seu fruto, comeu-o e o deu a seu marido, que comeu também. Os olhos dos dois se abriram, e perceberam que estavam nus; então juntaram folhas de figueira para cobrir-se.

Outro ponto muito importante diz respeito à questão do pecado. Se a entrada do pecado não foi literal, então não existe pecado. Sendo assim, todo o discurso do cristianismo sobre a malignidade do pecado, todos os textos do apóstolo Paulo sobre o pecado e suas consequências, todas as palavras de Jesus sobre o pecado são apenas palavras vazias e sem sentido. Não existiria lastro para as outras declarações bíblicas sobre o pecado.

8. Plano da redenção

Como consequência do ponto anterior, se não existe pecado, então, o plano da redenção esboçado por Moisés em Gênesis também é algo sem sentido. As palavras de Deus

CRIAÇÃO

dirigidas à serpente, registradas a seguir, viram uma grande mentira: "Porei inimizade entre você e a mulher, entre a sua descendência e o descendente dela; este lhe ferirá a cabeça, e você lhe ferirá o calcanhar" (Gênesis 3:15).

Os cristãos acreditam que esse versículo (conhecido no meio teológico como Protoevangelho) é a primeira promessa que aponta para o Messias; mas, se tudo for apenas uma alegoria ou um mito, então o plano da redenção não existe.

9. Morte do cordeiro (Jesus) como remissão pelos pecados

Em Gênesis, encontramos o primeiro sacrifício de animais da história da humanidade. Está escrito: "O SENHOR Deus fez roupas de pele e com elas vestiu Adão e sua mulher" (Gênesis 3:21). Adão pôde perceber os prejuízos do pecado e vislumbrar o que Jesus faria por eles algum tempo depois. Ellen White escreveu: "Para Adão, a oferta do primeiro sacrifício foi uma cerimônia dolorosíssima. Sua mão deveria erguer-se para tirar a vida, a qual unicamente Deus poderia dar". A profetiza completa: "O próprio sistema de sacrifício foi planejado por Cristo, e dado a Adão como típico de um Salvador por vir".[5]

Se Gênesis não for literal, as bases da promessa da remissão do pecado pela morte do Cordeiro de Deus estarão perdidas. O sacrifício que Adão fez apontava para a morte de Jesus. A não literalidade de Gênesis destrói a cruz do calvário.

---

[5]WHITE, Ellen G. *Conselhos sobre saúde* (Tatuí: Casa Publicadora Brasileira, 2008), p. 23.

COSMOVISÃO cristã

10. A volta de Jesus e a recriação

Em Gênesis 3:22-24, a Bíblia registra: "Então disse o SENHOR Deus: 'Agora o homem se tornou como um de nós, conhecendo o bem e o mal. Não se deve, pois, permitir que ele também tome do fruto da árvore da vida e o coma, e viva para sempre'. Por isso o SENHOR Deus o mandou embora do jardim do Éden para cultivar o solo do qual fora tirado. Depois de expulsar o homem, colocou a leste do jardim do Éden querubins e uma espada flamejante que se movia, guardando o caminho para a árvore da vida".

Se não existiu a primeira árvore da vida (em Gênesis), por que existiria a segunda (em Apocalipse)? Por que acreditar que seremos devolvidos a uma nova terra se não existiu a primeira terra perfeita? A não literalidade de Gênesis acaba com a esperança do retorno de Jesus.

GÊNESIS: CONFIRMAÇÃO DE SUA LITERALIDADE

No começo deste texto, afirmei que não pode ser cristã uma pessoa que não crê no relato da criação como um relato literal de seis dias de 24 horas. Agora, quero explicar a razão de minha afirmação.

Para que alguém seja cristão, é necessário que creia nas palavras de Jesus, pois seria uma grande contradição ser cristão e não crer em Cristo. Portanto, todas as pessoas que creem em Cristo precisam crer em Gênesis como um relato literal, pois Jesus o via assim. Vejamos dois exemplos: Jesus confirmou a literalidade da criação em Marcos 10:2-9 e confirmou o dilúvio em Mateus 24:37.

CRIAÇÃO

O apóstolo Paulo também confirmou a literalidade da criação em 1Timóteo 2:13-14. Ao falar do acesso à árvore da vida sendo devolvido ao ser humano na volta de Jesus, em Apocalipse 22:2, João confirma a literalidade de Gênesis. Se negarmos o relato histórico dos primeiros capítulos de Gênesis, estaremos colocando Jesus, Paulo e João em condição de mentirosos ou loucos, e isso não é nada cristão!

DEUS É SOBRENATURAL

Infelizmente, encontramos alguns cristãos insistindo em dizer que Deus não criou o mundo como está descrito na Bíblia. Querem uma explicação natural para fugir dos milagres. É provável, portanto, que essas pessoas também não creiam na abertura do Mar Vermelho, nas ressurreições feitas por Jesus, no maná enviado do céu — em suma, são pessoas que, em sua mente, diminuem o poder do onipotente Deus.

Deus poderia criar tudo em seis segundos ou em seis milésimos de segundo, mas ele escolheu criar em seis dias e descansar no sétimo para nos presentear com a sua criação.

UMA BASE FRÁGIL ARRUÍNA A CONSTRUÇÃO

Satanás quer destruir a crença no Gênesis porque quer minar a crença em Jesus. No final das contas, como vimos, destruir a literalidade de Gênesis atinge em cheio nossa crença no Salvador e Senhor Jesus Cristo. Todavia, a Igreja precisa se manter firme em sua posição, pois essa é a vontade de Deus.

COSMOVISÃO cristã

A Bíblia e a ciência[6] apoiam o criacionismo. Não precisamos buscar outras explicações para nos conformar com quem quer que seja. Satanás já tentou desautorizar Êxodo 20:8-11, mas Deus suscitou a Igreja Adventista para reafirmar essa verdade bíblica — em outras palavras, Deus levantou um povo fiel que restaurou essa verdade. Satanás está tentando desautorizar Gênesis 1-3, e novamente o povo de Deus precisa levantar a bandeira da verdade. Sendo assim, Deus espera que você e eu empunhemos essa bandeira e a finquemos no planeta, sem medo das consequências.

---

[6]Há dezenas de cientistas filiados à Sociedade Criacionista Brasileira.

CAPÍTULO 9

SEXUALIDADE

HUMANA

A questão da sexualidade humana é um dos assuntos mais controversos na atualidade, visto que muitas noções diferentes de liberdade sexual, de relacionamentos sexuais pairam pela mente das pessoas. Embora existam muitas concepções diferentes de sexualidade humana, o único que tem autoridade de legislar sobre essa questão é o criador da sexualidade humana — ou seja, Deus. Portanto, neste capítulo, vamos ver o que a Bíblia diz a respeito da sexualidade humana, a fim de descobrir qual é a visão cristã sobre esse assunto.

DEUS TEM AUTORIDADE LEGISLATIVA

Vivemos em um período da história do cristianismo no qual temos de convencer os próprios cristãos a respeito da autoridade divina, pois alguns cristãos professos acham que podem mudar as coisas que Deus já estabeleceu como imutáveis.

Há um pensamento errado na atualidade, porém recorrente, de que Deus vive para aprovar o que as pessoas fazem, como se ele fosse um servo dos seres humanos, e não o seu Deus. As pessoas que pensam em Deus assim se esquecem ou negam que Deus já existia antes delas; ele já era Deus desde a eternidade e desde sempre legisla sobre o que é certo e errado.

O pensamento desses ditos cristãos é um reflexo da atmosfera filosófica, iniciada com o Iluminismo no século 18, que se convencionou chamar de pensamento moderno, e a reação a essa corrente de pensamento, chamada de pós-modernidade. Essa trama histórica levou os homens para cada vez mais longe de Deus e da Bíblia, e mais próximos de sua própria vontade.

Embora a pós-modernidade se proponha a ser uma reação contrária à modernidade, ambas têm o humanismo, ou o antropocentrismo, como centro de gravidade, portanto faz parte da atmosfera da nossa época achar que os seres humanos tomaram o lugar de Deus. Infelizmente, o mundo cristão também foi invadido por esse sentimento.

Esse tipo de pensamento tem afetado de maneira especial a questão da sexualidade humana, de modo que os parâmetros e limites estabelecidos por Deus têm sido cada vez mais contestados e desafiados. Se isso acontecesse apenas partindo de ateus, seria compreensível, mas, para nosso espanto, vemos gente que se diz cristã defendendo determinados conceitos indefensáveis do ponto de vista cristão.

DUAS REVOLUÇÕES, UM EFEITO

Vivemos em uma sociedade que defende a completa e irrestrita "liberdade sexual", mas nem sempre foi assim. Durante a maior parte da história, os conceitos divinos eram a regra para os relacionamentos humanos. Mesmo em civilizações em que aconteciam práticas sexuais não bíblicas, como a Grécia e a Roma antigas, essas práticas eram consideradas fora do padrão, ou desvios de conduta.

Como exemplo, podemos citar a pederastia na Grécia antiga, que era uma prática relativamente comum e na qual homens mais velhos cuidavam da educação de jovens, inclusive relacionando-se sexualmente com eles.

COSMOVISÃO cristã

Embora fosse algo frequente naquela sociedade, quando os cidadãos gregos pensavam em casamento, sempre visualizavam um relacionamento heterossexual, e isso nos mostra que, mesmo na Grécia Antiga, o padrão estabelecido por Deus era normativo.

Chegamos ao ponto em que estamos como consequência de duas grandes revoluções da humanidade: a primeira foi política e se tornou social; e a segunda foi social e se tornou política. Estou me referindo à Revolução Francesa (1789) e à revolução sexual da década de 1960.

A Revolução Francesa foi um movimento de cunho político liderado pela burguesia francesa em oposição ao absolutismo real da monarquia na França. No centro dessa revolução estava o sentimento de libertação, retratado pelo lema: liberdade, igualdade e fraternidade. Embora tenha começado com bandeiras políticas, a Revolução Francesa ganhou um viés social atacando a igreja, a família tradicional, dentre outras instituições, e também os valores defendidos por essas instituições.

A revolução sexual da década de 1960 foi uma amostra dos sentimentos prevalecentes na sociedade estadunidense após as duas grandes guerras mundiais e após a guerra do Vietnã. As instituições foram confrontadas e negadas, e qualquer forma de proibição passou a ser vista como negativa. As proibições sexuais eram o carro-chefe desse movimento, que começou social e acabou político. O Brasil apresentou reflexos claros desse movimento, e o lema "É proibido proibir", comum em nosso país a partir da década de 1960, era um sinal claro disso.

SEXUALIDADE HUMANA

Esses dois movimentos históricos muito influenciaram — e ainda influenciam — a filosofia do mundo, e o combate aos princípios sexuais bíblicos é uma consequência direta desses movimentos. A escritora Mary Eberstadt apresentou uma esclarecedora definição dessa revolução sexual: "A desestigmatização contínua de todas as variedades de atividade sexual não marital, acompanhada do aumento acentuado dessas atividades sexuais em diversas sociedades ao redor do mundo (principalmente nas mais avançadas)."[1]

É interessante observar que praticamente todas as questões sociais polêmicas que temos na sociedade hoje são frutos dessa revolução da década de 1960. Sobre isso, Andrew Sandlin comenta o seguinte:

> É impressionante como a vasta maioria das questões sociais controversas de hoje se derivam da Revolução Sexual: gravidez na adolescência, divórcio desenfreado, aborto, leis de notificação de pais, feminismo, inseminação de óvulos, inseminação artificial, doação de esperma, pornografia, fertilização "in vitro", homossexualidade, "casamento" entre pessoas do mesmo sexo. Não se pode imaginar a cultura ocidental contemporânea à parte da Revolução Sexual. Provavelmente nenhum outro fator histórico, além da Revolução Francesa, tenha moldado mais o mundo de hoje.[2]

---

[1] *Adam and Eve after the pill* (São Francisco: Ignatius, 2012), p. 12.

[2] *A cosmovisão sexual cristã: a ordem de Deus na era do caos sexual* (Brasília: Monergismo), p. 22.

COSMOVISÃO cristã

Como um grande "tsunami cultural", a onda da revolução sexual varreu a cultura ocidental a ponto de hoje ser estranho defender os princípios bíblicos, ou, como esse mesmo autor gosta de falar, a cosmovisão sexual cristã. Em cerca de sessenta anos, o que era certo virou errado, e o que era errado se tornou certo.

QUAL NARRATIVA MOLDA A VIDA?

Cada pessoa tem uma cosmovisão, ou seja, possui uma forma de enxergar e julgar a vida e seus diversos assuntos, e essa cosmovisão sempre é determinada ou condicionada a uma narrativa que a sustenta. A narrativa é o ponto mais profundo de uma filosofia; na verdade, a narrativa é a moldura que dá o significado dos conceitos, das palavras e das expressões.

O escritor e teólogo N. T. Wright propõe uma situação que nos ajuda a avaliar o valor de uma narrativa para a construção dos conceitos das palavras e dos pensamentos filosóficos em geral:

> Qual o significado da seguinte observação: "vai chover"? À primeira vista, a afirmação parece ser bastante clara. No entanto, o significado e a importância dessa observação só podem ser entendidos quando vemos o papel que ela desempenha em uma narrativa mais ampla. Se estamos prontos para ir a um piquenique que vem sendo planejado há algum tempo, essas palavras seriam uma má notícia, com a implicação adicional de que talvez devamos alterar nossos planos. Se vivemos em uma

região da África Oriental assolada pela seca, onde outra longa estação de seca e a consequente perda da safra parecem iminentes, a afirmação seria de fato uma boa notícia. Se três dias atrás eu tivesse feito uma previsão de que iria chover e você não acreditasse em mim, a afirmação comprovaria minha capacidade preditiva de meteorologista. Se fazemos parte da comunidade de Israel que está no monte Carmelo ouvindo as palavras de Elias, a afirmação confirma a mensagem de Elias de que Yahweh é o verdadeiro Deus e de que Elias é seu profeta. Em cada caso, a afirmação por si só precisa ser "ouvida" no contexto de um enredo implícito mais amplo, uma narrativa implícita e completa.[3]

O mundo pós-moderno é emoldurado por uma narrativa materialista profundamente influenciada pelo humanismo, e essa narrativa busca tirar Deus da equação de interpretação da vida. Sendo assim, quem se baseia nessa narrativa vê a vida a partir dela e julga os conceitos mais diversos com as mesmas "lentes".

"Como aqueles que abraçam o evangelho, somos membros de uma comunidade que crê que a Bíblia é a verdadeira narrativa do mundo",[4] por isso julgamos todos os conceitos da vida com base na visão bíblica, pois ela é a verdade divina para a humanidade. É a partir dessa narrativa que olharemos para a sexualidade humana, tendo

---

[3]*Christian origins and the question of God*, vol. 2: *Jesus and the victory of God* (Londres: SPCK, 1996), p. 198.

[4]GOHEEN, Michael W. *Introdução à cosmovisão cristã: vivendo na intersecção entre a visão bíblica e a contemporânea* (São Paulo: Vida Nova, 2016), p. 31.

COSMOVISÃO cristã

em vista que a Bíblia é a nossa fonte de verdade a respeito desse e de todos os outros assuntos.

DEUS TEM AUTORIDADE SOBRE A SEXUALIDADE HUMANA

A primeira pergunta que devemos responder é: por que Deus tem autoridade para falar sobre a sexualidade humana? Isso é muito importante, pois as razões que levam Deus a ter autoridade sobre a sexualidade humana são as mesmas que fazem com que ele seja autoridade sobre outros assuntos da vida.

Deus pode legislar sobre a sexualidade humana porque ele a criou. O criador tem autoridade para estabelecer as regras relativas a seu objeto criado, e também já definiu os gêneros que existem e a relação que pode ou não pode haver entre eles. O que tem acontecido em nossos dias é que a autoridade bíblica tem sido minada pela cultura pós-moderna.

DEUS INVENTOU O SEXO

A afirmação "Deus inventou o sexo" deveria ser óbvia, mas, infelizmente, não é. Na cabeça de muitas pessoas, a ideia de que sexo é um assunto pecaminoso ainda prevalece. Essa foi uma ideia incutida pela cultura secular em muitas pessoas. Deus criou o sexo no contexto de um mundo perfeito, e esse aspecto inerente da vida humana recebeu a bênção de Deus e, logicamente, está submetido às regras dele.

SEXUALIDADE HUMANA

Quando analisamos o texto bíblico com atenção, encontramos as características do relacionamento amoroso conforme o seu criador. Sendo assim, vamos analisar juntos alguns aspectos da sexualidade humana, segundo aquele que a estabeleceu.

> Criou Deus o homem à sua imagem, à imagem de Deus o criou; homem e mulher os criou (Gênesis 1:27).

Nesse versículo, vemos como Deus organizou os gêneros humanos. O texto é bem enfático ao dizer que foram criados dois gêneros, homem e mulher; portanto, não existe na criação de Deus uma terceira opção, nem mesmo variações dessas opções. Dentro dessa configuração estão contidas todas as diferenças no fenótipo e no genótipo dos seres humanos. Em resumo, o Criador criou homem e mulher.

> Deus os abençoou, e lhes disse: "Sejam férteis e multipliquem-se! Encham e subjuguem a terra! Dominem sobre os peixes do mar, sobre as aves do céu e sobre todos os animais que se movem pela terra" (Gênesis 1:28).

Aqui, vemos mais um aspecto que caracteriza a sexualidade humana. Nos relacionamentos sexuais humanos estaria contida a potencialidade da reprodução, ou seja, os relacionamentos sexuais teriam a capacidade de gerar novas vidas. É lógico que não existe a obrigatoriedade de que um casal tenha filhos — não é disso que se trata. O que o texto está deixando claro é que nos relacionamentos

COSMOVISÃO cristã

sexuais aprovados por Deus existiria essa possibilidade ou potencialidade de reprodução, e isso só é possível no relacionamento entre homem e mulher.

IGUAIS, MAS DIFERENTES

Uma das questões que mais são debatidas na atualidade é a que diz respeito à igualdade entre homens e mulheres. Na maior parte das vezes essa questão é discutida com um viés progressista que distorce o assunto e gera mais problemas que soluções. Por esse motivo, é preciso tratar essa questão da comparação entre homens e mulheres a partir da perspectiva bíblica. Afinal, homens e mulheres são iguais ou diferentes? A resposta mais completa seria: são iguais e diferentes, depende do aspecto abordado.

No texto normatizador da sexualidade humana, o relato da criação, encontramos um esclarecimento importante: "Disse então o homem: 'Esta, sim, é osso dos meus ossos e carne da minha carne! Ela será chamada mulher, porque do homem foi tirada'" (Gênesis 2:23). É interessante perceber como a igualdade e a desigualdade estão presentes nesse versículo. Quando Adão olha para Eva, percebe que ela é da mesma "espécie" dele, ou seja, é osso e carne como ele; contudo, ela é diferente e, por isso, ele a chama de "mulher". No primeiro instante do primeiro encontro entre Adão e Eva as diferenças já foram percebidas.

O próprio Deus tratava o homem e a mulher de maneira diferente. No capítulo 3 de Gênesis, logo após o primeiro pecado, Deus falou das consequências daquele ato para a humanidade e deixou claro que até as consequências do pecado são diferentes para os sexos diferentes.

SEXUALIDADE HUMANA

> À mulher, ele declarou: "Multiplicarei grandemente o seu sofrimento na gravidez; com sofrimento você dará à luz filhos. Seu desejo será para o seu marido, e ele a dominará". E ao homem declarou: "Visto que você deu ouvidos à sua mulher e comeu do fruto da árvore da qual eu lhe ordenara que não comesse, maldita é a terra por sua causa; com sofrimento você se alimentará dela todos os dias da sua vida. Ela lhe dará espinhos e ervas daninhas, e você terá que alimentar-se das plantas do campo. Com o suor do seu rosto você comerá o seu pão, até que volte à terra, visto que dela foi tirado; porque você é pó e ao pó voltará" (Gênesis 3:16-19).

Está muito claro na Bíblia que homem e mulher são seres diferentes, entretanto isso não é um fato qualificador, ou seja, o homem não é melhor que a mulher e nem a mulher melhor que o homem; eles são diferentes, e não é possível e nem justo tratar de maneira igual seres diferentes.

Homens e mulheres definitivamente não são iguais. Basta uma olhada rápida para chegar a essa conclusão. Mas não me refiro apenas aos aspectos físicos, pois as diferenças são mais profundas. Alguns movimentos sociais defendem uma igualdade que é impossível. Vamos pensar um pouco. O que você diria de colocar no mesmo octógono a campeã mundial peso pena contra o campeão mundial peso pena? Eles pertencem à mesma categoria e deveriam disputar (em nosso exemplo) o "título mundial unissex de UFC". Seria justo? Claro que não!

COSMOVISÃO cristã

Os exemplos esportivos servem apenas para nos apontar que alguns discursos não resistem à mais simples análise. Podemos, inclusive, mudar de área. O treinamento dos militares, especialmente nas academias militares, é diferente para homens e mulheres, e isso é necessário.

No trato com os filhos, homens e mulheres são iguais? Claro que não! Começando pelas lógicas diferenças fisiológicas na relação entre pais e filhos. A relação emocional entre pais, mães e filhos *precisa ser diferente*, e não é apenas a Bíblia que diz isso: a ciência afirma que, se uma criança não se relacionar de maneira diferente com pai e mãe, terá problemas psicológicos no futuro (o complexo de Édipo é um exemplo).

É lógico que, em termos gerais, homens e mulheres devem ser tratados de maneira igual:

- A mulher deve ser respeitada tanto quanto o homem.
- A mulher deve fazer os trabalhos domésticos tanto quanto o homem (quem mora na casa tem a mesma obrigação quanto à ordem do local).
- Na mesma função de trabalho, a mulher deve ser tão bem-remunerada quanto o homem.

No macroscópico, homem e mulher devem ser igualmente tratados e respeitados, mas, quando colocamos no microscópio, as diferenças são óbvias. Quando vamos para a Bíblia, as diferenças continuam aparecendo. Por exemplo, as representações matrimoniais estabelecidas pela Escritura são muito claras: o homem representa Cristo e a mulher representa a igreja (Efésios 5).

SEXUALIDADE HUMANA

Homens e mulheres são iguais no que diz respeito à representação? Não! O discurso feminista não combina com a cosmovisão cristã; portanto, não é possível ser feminista e cristã ao mesmo tempo. Além disso, para valorizar a mulher, não é preciso ser feminista, até porque a Bíblia dá conta da valorização da mulher! Todos os cristãos devem ser bíblicos, e isso é suficiente para que homem e mulher recebam tratamento isonômico.

SEXO: O SELO DO CASAMENTO

Voltemos ao relato da criação. Lá, encontramos mais uma informação a respeito da sexualidade humana que é muito importante e que contrasta diretamente com a filosofia sexual da contemporaneidade.

> *Por essa razão, o homem deixará pai e mãe e se unirá à sua mulher, e eles se tornarão uma só carne* (Gênesis 2:24).

Moisés usa um fato que ocorreu quando ainda não existiam pais e mães para ensinar em que momento da vida as atividades sexuais devem fazer parte das atividades lícitas praticadas por homens e mulheres.

Em primeiro lugar, há novamente a afirmação de que o ato sexual deve ser praticado entre homem e mulher. Como já vimos anteriormente, Deus é o criador do sexo e, como criador, tem direito e autoridade para legislar sobre o assunto, por isso ele determina: o sexo deve ser praticado num contexto heterossexual.

149

Mas não é apenas a questão dos gêneros que o texto bíblico aborda; também está contida ali uma normatização a respeito do momento certo para praticar o ato sexual. A expressão "deixar pai e mãe" é uma referência direta ao casamento, e aqui cabe uma reflexão importante.

Não podemos interpretar o texto bíblico colocando como régua os costumes culturais do nosso tempo. Se fosse assim, alguém poderia dizer: "Eu já deixei pai e mãe, já moro sozinho ou sozinha e tenho minha independência financeira, portanto me encaixo no critério bíblico para a atividade sexual". É claro que não é assim. Precisamos colocar o texto bíblico dentro de seu contexto cultural.

Na época em que Gênesis foi escrito, e mesmo nos tempos do Novo Testamento, um filho e uma filha só "deixavam pai e mãe" quando se casavam. Mesmo que o filho saísse de casa, só era considerado livre da autoridade paterna e materna depois que se casava. Portanto, o texto de Gênesis interpretado sob a ótica da cultura em que foi escrito significa que, após o casamento, o homem e a mulher podem se tornar "uma só carne", ou seja, podem se unir sexualmente. Nesse sentido, o sexo se torna o selo do casamento.

Fundamentos do casamento

É sempre importante relembrar que o criador é quem tem conhecimento e autoridade suficientes para dizer o que é e como deve funcionar o objeto que ele criou, e isso serve para uma geladeira, para um carro, para um computador e também para uma instituição como o casamento.

SEXUALIDADE HUMANA

Pense em alguém que compra um relógio em cujo manual de instrução o fabricante deixou claro que aquele equipamento não é à prova d'água. Contudo, a pessoa acha que o que o fabricante escreveu não é importante, e vai para a piscina usando o relógio. O que vai acontecer é apenas consequência da desobediência: o relógio vai parar de funcionar. Se respeitar o fabricante é importante quando falamos de um simples relógio, ainda mais importante é respeitar "o Fabricante" quando falamos de criação do ser humano.

Deus criou homem e mulher, e apenas ele tem autoridade de estabelecer como sua criação funciona. O Estado não tem autoridade de legislar sobre isso, os movimentos sociais não têm autoridade de legislar sobre isso; apenas Deus pode dizer a forma correta de os seres humanos se relacionarem sexualmente.

Segundo a Bíblia, o casamento reflete a natureza divina. A palavra hebraica usada para a união do homem com a mulher é *ehad*, que significa uma unidade composta. Essa mesma palavra é usada para falar da natureza de Deus. "Ouça, ó Israel: O SENHOR, o nosso Deus, é o único SENHOR" (Deuteronômio 6:4). O Deus trino é *ehad*, ou seja, ele é uma unidade composta por Pai, Filho e Espírito Santo, por isso podemos dizer que o casamento é uma representação da divindade e deve respeitar a forma estabelecida por Deus.

Quero voltar a enfatizar que a potencialidade de reprodução (Gênesis 1:28, Malaquias 2:15) é outra característica básica do casamento. Não há obrigatoriedade de reprodução, mas há potencialidade, e isso só se dá numa relação heterossexual.

COSMOVISÃO cristã

Outra simbologia importante do casamento é apresentada pelo apóstolo Paulo. Vamos ler o texto bíblico para que fique claro que nossa argumentação parte da Palavra:

"Por essa razão, o homem deixará pai e mãe e se unirá
à sua mulher, e os dois se tornarão uma só carne".
Este é um mistério profundo; refiro-me, porém, a
Cristo e à igreja. Portanto, cada um de vocês também
ame a sua mulher como a si mesmo, e a mulher trate
o marido com todo o respeito (Efésios 5:31-33).

Paulo é explícito ao dizer que o casamento entre homem e mulher representa Cristo e sua igreja. Essa simbologia amarra essa relação a um formato obrigatoriamente heterossexual, considerando Cristo (masculino) e a igreja (feminino). Sendo assim, é muito clara a cosmovisão bíblica a respeito do casamento e dos relacionamentos humanos em geral.

AS ESPECIFICIDADES DO SEXO

Não podemos ter medo de ser claramente bíblicos em nossa argumentação a respeito da sexualidade humana, pois aqueles que pregam contra a visão bíblica não temem ser claros em suas explanações erradas. Vamos, então, entrar de maneira mais específica no que a Bíblia fala sobre as relações sexuais entre os seres humanos.

Para começar, vamos a um texto dos evangelhos em que Jesus trata de diversos pecados que tirarão as pessoas do Reino de Deus. Leia com atenção:

SEXUALIDADE HUMANA

E continuou: "O que sai do homem é que o torna impuro. Pois do interior do coração dos homens vêm os maus pensamentos, as imoralidades sexuais, os roubos, os homicídios, os adultérios, as cobiças, as maldades, o engano, a devassidão, a inveja, a calúnia, a arrogância e a insensatez. Todos esses males vêm de dentro e tornam o homem impuro" (Marcos 7:20-23).

Jesus coloca todos os pecados listados como ações que tornam o ser humano impuro diante de Deus e inapto à salvação, e um dos pecados listados por Cristo é a "impureza sexual". Essa expressão é a tradução da palavra grega *porneia*, que é a palavra usada no Novo Testamento para designar qualquer tipo de relação sexual praticada fora do casamento. Estão incluídos aí a prática do sexo por casais (heterossexuais) não casados — que a Bíblia também chama de fornicação —; as perversões sexuais, como zoofilia e tantas outras; e, logicamente, as relações homossexuais. Todas essas são proibidas pela Bíblia e consideradas pecaminosas.

Não tem como falar de cosmovisão sexual cristã e não tocar na questão da homossexualidade. Vemos hoje uma militância social em prol de tornar as práticas homossexuais normais na sociedade e, inclusive, um movimento de tentar justificar essas práticas a partir de argumentos religiosos. Alguns cristãos professos querem usar a Bíblia para tentar justificar práticas homossexuais, por isso é muito importante que respondamos à pergunta: A Bíblia proíbe explicitamente as práticas homossexuais?

COSMOVISÃO cristã

Textos específicos sobre homossexualidade

A Bíblia traz seis textos específicos sobre a proibição das práticas homossexuais — três no Antigo Testamento e três no Novo Testamento. Parece que, propositalmente, para cada texto do Antigo Testamento proibindo a homossexualidade existe um no Novo Testamento. Vamos conhecer cada um deles.

No Antigo Testamento

O primeiro texto está no Pentateuco. Deus estava formando o povo hebreu, que deveria ser seu representante na terra e responsável por espalhar a mensagem de salvação. Por isso, era necessário que Deus colocasse normas para que esse povo estivesse apto para a missão. Uma delas dizia respeito à questão da homossexualidade: "Não se deite com um homem como quem se deita com uma mulher; é repugnante" (Levítico 18:22). O texto é tão claro, que dispensa explicações.

O segundo texto também está no Pentateuco e é mais sério ainda: "Se um homem se deitar com outro homem como quem se deita com uma mulher, ambos praticaram um ato repugnante. Terão que ser executados, pois merecem a morte" (Levítico 20:13). Vale ressaltar o que vimos há pouco: Deus estava formando o seu povo e precisava ser firme quanto aos pecados que poderiam destruir seu plano de salvação para a humanidade. Vale lembrar também que Deus se comunicava com Moisés e dava as ordens de execução de maneira direta. Enfatizo essas coisas porque esse texto não é uma autorização para a homofobia, ou seja, a violência física ou verbal contra um homossexual no

SEXUALIDADE HUMANA

século 21. Contudo, também é bom lembrar que a sentença será igualmente executada por Deus por ocasião da volta de Jesus, pois o que Deus pensa não mudou.

O terceiro texto no Antigo Testamento que reprova as práticas homossexuais está contido no claro tom de reprovação de Deus e de seus anjos às intenções dos homens de Sodoma:

> Ainda não tinham ido deitar-se, quando todos os homens de toda parte da cidade de Sodoma, dos mais jovens aos mais velhos, cercaram a casa. Chamaram Ló e lhe disseram: "Onde estão os homens que vieram à sua casa esta noite? Traga-os para nós aqui fora para que tenhamos relações com eles". Ló saiu da casa, fechou a porta atrás de si e lhes disse: "Não, meus amigos! Não façam essa perversidade! Olhem, tenho duas filhas que ainda são virgens. Vou trazê-las para que vocês façam com elas o que bem entenderem. Mas não façam nada a estes homens, porque se acham debaixo da proteção do meu teto". "Saia da frente!", gritaram. E disseram: "Este homem chegou aqui como estrangeiro, e agora quer ser o juiz! Faremos a você pior do que a eles". Então empurraram Ló com violência e avançaram para arrombar a porta (Gênesis 19:4-9).

Pode ser que alguém argumente que nesse relato não há uma proibição das práticas que os homens de Sodoma estavam na intenção de consumar, contudo, há um texto bíblico que nos ajuda a resolver essa objeção, Judas 1:7: "De modo semelhante a estes, Sodoma e Gomorra e as

COSMOVISÃO cristã

cidades em redor se entregaram à imoralidade e a relações sexuais antinaturais. Estando sob o castigo do fogo eterno, elas servem de exemplo". A palavra usada aqui é *porneia*, ou seja, práticas sexuais ilícitas.

No Novo Testamento

Vamos para os textos do Novo Testamento que condenam as práticas homossexuais, que são ainda mais claros a respeito desse assunto. O primeiro é um trecho longo da Bíblia, mas que precisa ser lido. Ele é autoexplicativo.

> Portanto, a ira de Deus é revelada do céu contra toda impiedade e injustiça dos homens que suprimem a verdade pela injustiça, pois o que de Deus se pode conhecer é manifesto entre eles, porque Deus lhes manifestou. Pois desde a criação do mundo os atributos invisíveis de Deus, seu eterno poder e sua natureza divina, têm sido vistos claramente, sendo compreendidos por meio das coisas criadas, de forma que tais homens são indesculpáveis; porque, tendo conhecido a Deus, não o glorificaram como Deus, nem lhe renderam graças, mas os seus pensamentos tornaram-se fúteis e os seus corações insensatos se obscureceram. Dizendo-se sábios, tornaram-se loucos e trocaram a glória do Deus imortal por imagens feitas segundo a semelhança do homem mortal, bem como de pássaros, quadrúpedes e répteis. Por isso Deus os entregou à impureza sexual, segundo os desejos pecaminosos dos seus corações, para a degradação dos seus corpos entre si. Trocaram a verdade de Deus pela mentira, e adoraram e serviram

SEXUALIDADE HUMANA

a coisas e seres criados, em lugar do Criador, que é bendito para sempre. Amém. Por causa disso Deus os entregou a paixões vergonhosas. Até suas mulheres trocaram suas relações sexuais naturais por outras, contrárias à natureza. Da mesma forma, os homens também abandonaram as relações naturais com as mulheres e se inflamaram de paixão uns pelos outros. Começaram a cometer atos indecentes, homens com homens, e receberam em si mesmos o castigo merecido pela sua perversão. Além do mais, visto que desprezaram o conhecimento de Deus, ele os entregou a uma disposição mental reprovável, para praticarem o que não deviam. Tornaram-se cheios de toda sorte de injustiça, maldade, ganância e depravação. Estão cheios de inveja, homicídio, rivalidades, engano e malícia. São bisbilhoteiros, caluniadores, inimigos de Deus, insolentes, arrogantes e presunçosos; inventam maneiras de praticar o mal; desobedecem a seus pais; são insensatos, desleais, sem amor pela família, implacáveis. Embora conheçam o justo decreto de Deus, de que as pessoas que praticam tais coisas merecem a morte, não somente continuam a praticá-las, mas também aprovam aqueles que as praticam. (Romanos 1:18-32).

Muito claro, não? O segundo texto traz ao mesmo tempo condenação e esperança para os que praticam a homossexualidade. Vejamos:

Vocês não sabem que os perversos não herdarão o Reino de Deus? Não se deixem enganar: nem imorais,

COSMOVISÃO cristã

> nem idólatras, nem adúlteros, nem homossexuais
> passivos ou ativos, nem ladrões, nem avarentos,
> nem alcoólatras, nem caluniadores, nem trapaceiros
> herdarão o Reino de Deus. Assim foram alguns de
> vocês. Mas vocês foram lavados, foram santificados,
> foram justificados no nome do Senhor Jesus Cristo
> e no Espírito de nosso Deus (1Coríntios 6:9-11).

O apóstolo Paulo coloca o pecado da homossexualidade no mesmo grupo de outros pecados que tirarão as pessoas do Reino dos Céus, ou seja, não há salvação para quem insiste nessas práticas. Mas esse texto também traz esperança. Basta olharmos para a expressão "assim foram alguns de vocês". Sim! A Bíblia está falando de pessoas que praticavam pecados como a homossexualidade e deixaram de praticá-la, e isso aconteceu porque elas foram lavadas no sangue de Cristo e foram nele santificadas. Há esperança para aqueles que aceitarem o trabalho de Cristo em sua vida.

O terceiro texto também é bastante claro e foi escrito pelo apóstolo Paulo, dessa vez orientando o jovem Timóteo no início do seu ministério pastoral:

> Também sabemos que ela não é feita para os justos,
> mas para os transgressores e insubordinados,
> para os ímpios e pecadores, para os profanos e
> irreverentes, para os que matam pai e mãe, para os
> homicidas, para os que praticam imoralidade sexual
> e os homossexuais, para os sequestradores, para
> os mentirosos e os que juram (1Timóteo 1:9-10).

SEXUALIDADE HUMANA

Essa é outra daquelas passagens que dispensam explicações. É muito claro que há uma condenação às práticas homossexuais.

Outras práticas condenáveis

A palavra *porneia*, usada no texto bíblico original grego para falar das práticas sexuais condenáveis, também deve ser aplicada para práticas como a pornografia e a masturbação, pois essas são práticas que caminham juntas e que estão em oposição ao texto bíblico.

Tais práticas quebram de maneira direta o princípio estabelecido por Jesus: "Vocês ouviram o que foi dito: 'Não adulterarás'. Mas eu lhes digo: qualquer que olhar para uma mulher para desejá-la, já cometeu adultério com ela no seu coração" (Mateus 5:27-28). Todas as vezes que o pecado da pornografia e da masturbação são praticados ocorre essa situação descrita por Cristo no sermão da montanha.

A ciência também alerta a respeito dos males da pornografia e da masturbação: "A visualização repetitiva de pornografia redefine os caminhos neurais, criando a necessidade de um tipo e nível de estímulo insaciável na vida real".[5] Quem se envolve com pornografia prejudicará sua vida pessoal e emocional, além de prejudicar a sua vida sexual com o cônjuge. Além dessas questões, a pornografia desvaloriza a imagem de Deus na pessoa — "coisifica" o que Deus valoriza.

---

[5]SANDLIN, Andrew. *A cosmovisão sexual cristã: a ordem de Deus na era do caos sexual* (Brasília: Monergismo), p. 27.

GLORIFICAR A DEUS COM O CORPO

A cosmovisão sexual cristã é bastante evidente na Bíblia. Precisamos, como cristãos, nos manter dentro da vontade de Deus para essa área da vida, assim como em todas as outras, pois isso glorifica a Deus. O apóstolo Paulo foi muito claro:

> Fujam da imoralidade sexual. Todos os outros pecados que alguém comete, fora do corpo os comete; mas quem peca sexualmente, peca contra o seu próprio corpo. Acaso não sabem que o corpo de vocês é santuário do Espírito Santo que habita em vocês, que lhes foi dado por Deus, e que vocês não são de si mesmos? Vocês foram comprados por alto preço. Portanto, glorifiquem a Deus com o corpo de vocês (1Coríntios 6:18-20).

Que mensagem maravilhosa! Paulo está nos dizendo que, quando nos mantemos dentro da vontade de Deus para a nossa sexualidade, estamos glorificando a Deus com o nosso corpo. É como se Paulo estivesse detalhando o princípio colocado em 1Coríntios 10:31: "Assim, quer vocês comam, bebam ou façam qualquer outra coisa, façam tudo para a glória de Deus".

Portanto, que todos nós, cristãos, glorifiquemos a Deus em nosso corpo ao nos colocarmos dentro da sua vontade para exercer a nossa sexualidade.

CAPÍTULO 10

MORTE

Há muito tempo, no Tibete, uma mulher viu seu filho, ainda bebê, adoecer e morrer em seus braços, sem que ela nada pudesse fazer. Desesperada, saiu pelas ruas implorando que alguém a ajudasse a encontrar um remédio que pudesse curar a morte do filho. Como ninguém podia ajudá-la, a mulher procurou um mestre budista, colocou o corpo da criança a seus pés e falou sobre a profunda tristeza que a estava abatendo. O mestre, então, respondeu que havia, sim, uma solução para a sua dor. Ela deveria voltar à cidade e trazer para ele uma semente de mostarda nascida em uma casa onde nunca tivesse ocorrido uma perda. A mulher partiu, exultante, em busca da semente. Foi de casa em casa. Sempre ouvindo as mesmas respostas. "Muita gente já morreu nessa casa"; "Desculpe, já houve morte em nossa família"; "Aqui nós já perdemos um bebê também". Depois de vencer a cidade inteira sem conseguir a semente de mostarda pedida pelo mestre, a mulher compreendeu a lição.[1]

Aquela mulher compreendeu uma verdade que todo ser humano enfrentará em algum momento da vida: a morte é um evento pelo qual todos nós passaremos, cedo ou tarde.

Essa é uma verdade evidente, porém muito dolorosa. A ciência se interessou por esse assunto e, na segunda metade do século 20, surgiu a tanatologia, que é a ciência que estuda a morte e o morrer.

---

[1]Maria Fernanda Vomero, *Morte*, publicado em *Superinteressante*, em 31/10/2016. Disponível em: https://super.abril.com.br/comportamento/morte/. Acesso em: dez. 2021.

MORTE

A tanatologia postula que, quando uma pessoa nasce, começa o seu processo de morte, pois esse é um processo natural. Essa ciência é interdisciplinar e envolve biólogos, que estudam a fisiologia da morte, psicólogos, que trabalham com doentes terminais em seu processo iminente de morte, os legistas, que estudam os corpos, dentre outros.

Você e eu estamos em uma caminhada em direção à morte, e entender o que isso significa é importante para lidar bem com o assunto. A tanatologia pode ajudar; porém, a Bíblia nos leva a entender os aspectos mais profundos relacionados à morte e, inclusive, qual a única solução definitiva para ela.

Em João 11:1-43 encontramos uma história emocionante que nos ajudará a compreender melhor o assunto. Se você já perdeu alguém querido para a morte ou se incomoda ao ver alguém sofrer com a dor de perder um amigo ou parente, este capítulo vai ajudá-lo a lidar com essas circunstâncias segundo a forma cristã de pensar.

JESUS E A FAMÍLIA DE LÁZARO

Jesus era tão humano quanto divino. A Bíblia nos apresenta Cristo como o único ser no universo que continha em si mesmo a completude da natureza divina e da natureza humana ao mesmo tempo. Em sua humanidade, Cristo tinha necessidade de companhia e amizade, assim como tinha necessidade de descanso, e ele encontrava tudo isso na casa de Lázaro.

Naquela casa moravam três irmãos: Lázaro, Marta e Maria. Provavelmente seus pais já tinham morrido e eles eram

COSMOVISÃO cristã

solteiros. Por algum motivo, Jesus se afeiçoou a eles de maneira especial. O Mestre gostava de visitar a casa dos três irmãos para descansar; era um amigo da família. Em Lucas 10:38-42 encontramos o relato de uma visita à casa deles apenas para descansar.

Imagine o privilégio dos três irmãos em ter como amigo o próprio Criador do universo! É lógico que, mesmo sendo amigos de Cristo, os três irmãos olhavam para o Mestre com uma admiração especial, porque Cristo havia abençoado muito aquela família. Ele havia estendido o perdão à Maria, que havia caído na prostituição. Marta havia aprendido que não precisava se matar de trabalhar para agradar a Cristo; bastava sentar-se aos seus pés para ouvir seus ensinamentos. Lázaro iria receber um presente inimaginável de seu amigo Jesus. Aquela era uma família em que a intimidade de Cristo era conhecida.

QUANDO O PROBLEMA CHEGOU

Tratava-se de uma família humana; portanto, os problemas chegariam mais cedo ou mais tarde. É preciso que todos saibamos disso. Ninguém, absolutamente ninguém está imune aos problemas da vida. Essa consciência nos ajudará a andar menos frustrados por aí, porque as frustrações são frutos de expectativas erradas. Sendo assim, quando você tiver as expectativas certas a respeito da vida, as frustrações nunca o derrubarão.

Na família de Lázaro, um grave problema chegou: o irmão mais velho, aquele que era a segurança da família, adoeceu gravemente. Eles formavam uma família humana

MORTE

e eram passíveis de serem atingidos por isso. Contudo, o diferencial da família de Lázaro é o que eles fizeram quando o problema chegou: imediatamente recorreram a Jesus.

Quero abrir um parêntese na história dessa família para tratar brevemente de um assunto importantíssimo: a oração. Porque foi isso que Marta e Maria fizeram quando a vida ficou complicada. A oração deve ser o primeiro recurso diante dos problemas, mas geralmente nós invertemos a ordem. Primeiro tentamos resolver a situação com as nossas forças. Lutamos, choramos, suamos, tentando solucionar o problema do nosso jeito. Quando em determinado momento percebemos que nenhuma das nossas tentativas deu certo, aí recorremos a Deus em oração, como último recurso. Mas essa ordem está invertida.

A primeira coisa que devemos fazer quando os problemas chegam à nossa casa é buscar a Deus em oração, porque nele podemos encontrar as melhores soluções para tudo que estamos passando. Você está passando por problemas agora? A vida está difícil? Ore!

Você pode estar pensando: mas eu não sei orar. Nunca orei na vida. Como posso aprender a orar agora? A oração é uma das coisas mais simples que existem, porque orar é "abrir o coração a Deus como quem o abre a um amigo".[2] Sim, podemos falar com Deus usando a nossa linguagem, as palavras com as quais temos familiaridade. Você não precisa mudar seu vocabulário para orar: apenas dirija suas palavras a Deus, pois ele está atento às suas orações, e tenha certeza de que nenhuma situação é tão complicada que Deus não possa ajudá-lo a resolver. Apenas ore!

_____

[2]*Caminho a Cristo*, p. 35.

COSMOVISÃO cristã

A DOENÇA DE LÁZARO

Vamos voltar à história da família "amiga de Cristo". A Bíblia diz que, logo que Lázaro adoeceu, eles mandaram um recado para Cristo. O recado foi simples e claro: "aquele a quem amas está doente" (João 11:3). Dois versículos depois novamente o texto afirma: "Jesus amava Marta, a irmã dela e Lázaro" (João 11:5). Aqui há um recado muito específico e importante para os tempos em que vivemos: os amados de Jesus também adoecem.

Vivemos em um período da história cristã em que "teologias" não bíblicas estão sendo difundidas e, literalmente, vendidas em igrejas. Uma dessas teologias, a da prosperidade, tenta convencer as pessoas de que aqueles que entregarem a vida a Cristo nunca mais terão problemas de ordem nenhuma, mas isso não é verdade, e a história de Lázaro nos ensina isso.

Nenhum de nós está imune às consequências do pecado. Deus criou tudo perfeito, mas a humanidade escolheu sair dos planos originais do Criador e assumir o ônus dessa escolha. Quando os problemas chegarem à sua vida, tenha a consciência de que eles não são resultado da falta de amor de Deus, mas da presença do pecado no planeta. A família de Lázaro nos ensina que mesmo aqueles que são íntimos de Deus se depararão com dificuldades, e será assim até a volta de Cristo.

JESUS PODE TRANSFORMAR MALDIÇÕES EM BÊNÇÃOS

A essa altura, talvez você esteja se perguntando: qual a vantagem de ter Cristo em minha vida e em minha família

MORTE

se isso não evita que os problemas cheguem até mim? Essa é uma boa pergunta, e há uma resposta para ela na história de Lázaro. Logo que Jesus recebeu a notícia da doença do seu amigo, ele disse: "Essa doença não terminará em morte; é para a glória de Deus" (João 11:4).

Aqui há uma verdade importante que devemos aprender. Não foi Jesus quem enviou a doença para Lázaro, mas o Senhor é especialista em transformar maldições em bênçãos. Não é Cristo quem envia os problemas sobre a nossa vida, mas, quando ele os permite, há um propósito. No caso de Lázaro, aquela doença seria convertida em uma situação que glorificaria o nome de Deus. Não existe privilégio maior para um ser humano do que ser motivo de glória para o nome de Deus, mesmo que seja por meio das dificuldades.

Às vezes, Jesus quer nos dar uma bênção maior do que pedimos. Marta e Maria queriam uma cura para seu irmão e, aparentemente, a oração delas ficou sem resposta, mas foi apenas impressão, porque, enquanto elas queriam uma cura, Jesus queria dar uma ressurreição.

A MORTE DE LÁZARO

Jesus não atendeu ao pedido de Marta e Maria exatamente como elas queriam. Lázaro morreu, e essa é uma verdade que precisamos compreender: os amigos de Jesus também morrem, e Cristo não tem culpa por essas mortes. Pelo contrário, ele veio resolver o problema da morte.

Quando perdemos alguém para a morte, a nossa vontade é que aquela pessoa voltasse à vida depois de uma oração. Algumas pessoas pensam que a solução para a morte

COSMOVISÃO cristã

seria que Cristo nos desse o poder de ressuscitar todas as pessoas queridas que perdemos em acidentes ou devido a doenças. Mas isso não seria uma solução definitiva, porque, se Cristo ressuscitasse a minha avó depois do infarto que ela sofreu, seria apenas um adiamento da morte que ela sofreria tempos depois. Pense um pouco. Lázaro foi ressuscitado, mas a ressurreição dele não resolveu o problema de sua morte. Onde está Lázaro agora? Isso mesmo: morto.

Você que gosta de questionar deve estar pensando: como Cristo veio resolver o problema da morte se as pessoas continuam morrendo? É que a solução para o problema da morte tem de ser executada naquilo que implantou a morte entre os seres humanos: o pecado.

É nesse sentido que podemos afirmar que Cristo veio resolver o problema da morte. Ele morreu na cruz do Calvário para pagar a dívida adquirida lá no Éden, quando Adão e Eva resolveram desobedecer a Deus. Naquele dia, a morte passou a fazer parte da vida, mas, na cruz, Jesus pagou o preço e nos deu novamente a possibilidade de voltarmos ao Éden. A morte será definitivamente resolvida com a volta de Cristo, depois da qual ninguém mais perderá queridos em acidentes, nem por doenças, nem por qualquer outro motivo.

ANTROPOLOGIA CRISTÃ

Existe um detalhe importante na história de Lázaro. Jesus ensinou que não há consciência na morte. Ele afirmou: "Lázaro morreu" (João 11:14). Algumas pessoas acreditam que, quando uma pessoa boa morre, ela vai para o céu, e,

MORTE

quando uma pessoa má morre, ela vai para o inferno, mas não é isso que a Bíblia ensina. Aliás, isso nem é lógico.

Pense comigo. Se as pessoas boas morressem e fossem para o céu, para onde iria Lázaro? Logicamente ele iria para o céu, pois era amigo de Cristo. Então, quatro dias depois da chegada de Lázaro no céu, depois de ele já ter conhecido a beleza do paraíso, ele ouve Cristo o chamar de volta para a terra. Certamente Lázaro ficaria bastante chateado por ter de voltar. Essa é uma situação tão impensável, que chega a ser engraçada.

Lázaro não foi para o céu quando morreu, nem ele nem ninguém. A Bíblia apresenta claramente o que acontece com uma pessoa quando ela morre, mas, para entender a morte, precisamos entender primeiro a vida, e, para isso, é importante conhecer um pouco da antropologia cristã.

O ser humano foi criado por Deus com dois elementos bem-definidos: pó da terra + fôlego de vida (Gênesis 2:7). O texto bíblico diz que o homem passou a ser alma vivente. Perceba a diferença: para a antropologia bíblica, o ser humano é um ser integral, indivisível. O homem não tem uma alma, o homem é uma alma.

A ideia de que o ser humano tem uma alma inteligente que mora dentro do corpo e que, ao morrer, essa alma sai e tem vida inteligente própria não é bíblica, mas sim platônica. Platão desenvolveu sua filosofia com base na ideia de que o corpo seria a prisão da alma e, portanto, o corpo seria a parte ruim do ser humano. A parte "nobre" seria a alma, por meio da qual poderíamos acessar o mundo das ideias, onde as coisas reais estariam. Para Platão, o que vemos no mundo físico seriam apenas sombras do que realmente tem valor.

COSMOVISÃO cristã

Existem muitos textos bíblicos que apresentam a condição do homem após a morte. O primeiro, sobre a criação do homem, já vimos. Não pode sair de dentro do homem algo que não foi colocado lá. Deus não nos deu uma alma, portanto não podemos ter uma dentro de nós.

O profeta Daniel também tem uma declaração esclarecedora sobre a morte. "Muitos dos que dormem no pó da terra ressuscitarão, uns para a vida eterna, e outros para vergonha e horror eterno" (Daniel 12:2, ARA). Segundo esse texto, a única forma de uma pessoa que morreu voltar a ter consciência é a ressurreição. Jesus afirmou que virá um tempo "em que todos os que se acham nos túmulos ouvirão a sua voz e sairão" (João 5:28, ARA), ou seja, a pessoa morreu, foi colocada no túmulo e estava lá desde então. Não existe lógica em 1) haver consciência e vida após a morte, e 2) as pessoas ressuscitarem. Uma das duas informações está errada. Se as pessoas morressem e fossem para algum lugar, não haveria necessidade de ressurreição.

O sábio Salomão escreveu um dos trechos mais esclarecedores sobre a condição do homem após a morte. Vejamos:

> Pois os vivos sabem que morrerão, mas os mortos nada sabem; para eles não haverá mais recompensa, e já não se tem lembrança deles. Para eles o amor, o ódio e a inveja há muito desapareceram; nunca mais terão parte em nada do que acontece debaixo do sol. Portanto, vá, coma com prazer a sua comida, e beba o seu vinho de coração alegre, pois Deus já se agradou do que você faz. Esteja sempre vestido com roupas de festa, e unja sempre a sua cabeça com óleo. Desfrute

MORTE

a vida com a mulher a quem você ama, todos os dias desta vida sem sentido que Deus dá a você debaixo do sol; todos os seus dias sem sentido! Pois essa é a sua recompensa na vida pelo seu árduo trabalho debaixo do sol. O que as suas mãos tiverem que fazer, que o façam com toda a sua força, pois na sepultura, para onde você vai, não há atividade nem planejamento, não há conhecimento nem sabedoria (Eclesiastes 9:5-10).

O recado do autor é muito claro: o que você tiver que fazer, faça enquanto ainda está vivo, porque, depois da morte, não existe mais nenhuma consciência e nem condições para se fazer absolutamente nada. Como Jesus falou na história de Lázaro, a morte é como um sono profundo, ou seja, um estado de completa inconsciência.

Saber do ensinamento bíblico a respeito da condição do homem depois da morte é muito reconfortante, pois temos a tranquilidade de que nossos entes queridos que morreram não estão em algum lugar sofrendo dores horríveis ou nos vendo sofrer aqui neste planeta. Para eles, acabou qualquer tipo de sofrimento. Se você perdeu alguém por causa de uma doença que fez a pessoa sofrer muito, pode ficar tranquilo, pois a pessoa que você tanto amou não está mais sofrendo agora.

O apóstolo Paulo dedicou um trecho grande de seus escritos para nos explicar que a ressurreição é a nossa grande esperança com relação à morte. Em 1Coríntios 15, o apóstolo dos gentios explica que a ressurreição de Cristo é a garantia de que um dia todos aqueles que o aceitaram serão também ressuscitados; então, confie nisso.

COSMOVISÃO cristã

A RESSURREIÇÃO DE LÁZARO

Voltemos à história de Lázaro. Depois que Jesus recebeu a notícia da doença de seu amigo, demorou quatro dias para ir até a casa dele. Aparentemente, Jesus não estava dando a devida importância para aquele problema, pois um amigo de verdade teria corrido para ver aquele a quem devotava amizade; mas não se engane, porque Jesus não estava desprezando a doença de Lázaro. A demora de Jesus sempre tem um propósito — precisamos confiar!

Jesus chegou à cidade de Betânia quatro dias depois da morte de Lázaro, e isso tudo foi milimetricamente calculado. Cristo nunca está atrasado nem adiantado. Ele sempre age na hora exata. Uma tradição judia do século 3 d.C., que possivelmente reflete algo do que se acreditava nos dias de Jesus, ensinava que durante três dias a alma volta para o corpo com a esperança de entrar de novo nele. Quando, ao fim desse lapso, a alma observa que o rosto se desfigurou, afasta-se e nunca mais retorna. Assim, durante três dias os parentes visitavam a tumba com a esperança de que a pessoa só estivesse em estado de coma sem ter de fato morrido. Quando chegava o quarto dia, já não havia mais nenhuma dúvida quanto à morte.

Jesus não queria deixar nenhuma dúvida de que houve uma ressurreição. Ele queria resolver o problema de Lázaro, mas, também, resolver o problema espiritual de muitos que estavam ali. Ele queria ensinar que a morte física não é o maior problema de uma pessoa. Jesus afirmou: "Aquele que crê em mim, ainda que morra, viverá" (João 11:25). O nosso maior problema é a morte espiritual, pois essa nos condena ao desaparecimento eterno.

172

MORTE

JESUS CHOROU

Um dos textos bíblicos mais conhecidos está na história de Lázaro. É o versículo curtinho que diz: "Jesus chorou" (João 11:35). Algumas pessoas pensam que Jesus chorou por causa da morte do seu amigo, mas não foi por isso. Jesus sabia que o ressuscitaria em poucos minutos. Cristo não chorou por Lázaro, mas sim pela incredulidade das pessoas que estavam ali. O texto diz que muitos creram em Cristo (João 11:45) naquela ocasião, mas também disse que muitos não creram (João 11:46). Mesmo diante de tamanho milagre, como a ressurreição, muitos escolheram não crer.

FAÇA CRISTO SORRIR!

Existem muitas lições espirituais na história da ressurreição de Lázaro, mas quero enfatizar duas.

1. A morte é uma intrusa que não foi planejada por Deus, e ele sabe como sofremos quando perdemos alguém querido. Talvez você esteja com o coração apertado neste momento porque está se lembrando de alguém que perdeu para a morte. Mas existe uma esperança. Jesus prometeu voltar e devolver os nossos queridos que morreram em Cristo. Ele também está disposto a consolar seu coração e a sarar a ferida que foi aberta naquele dia do sepultamento do seu querido. Então, coloque seu coração nas mãos de Cristo e deixe que ele alivie a sua dor.

2. O mesmo Cristo que esperava que as pessoas cressem nele no dia da ressurreição de Lázaro espera que você

COSMOVISÃO cristã

coloque nele a sua fé hoje. O que faz o coração de Jesus se entristecer a ponto de chorar é ele se apresentar aos seus filhos, mostrar evidências e, mesmo assim, muito escolherem não crer. Se você me acompanhou até aqui, acompanhou a história de Lázaro e está ouvindo o sussurro de Cristo em seu coração agora, escolha crer. Se você fizer isso, em vez de lágrimas, o rosto de Cristo se encherá de um grande sorriso. Então, faça Cristo sorrir! Creia!

CAPÍTULO 11

CASAMENTO

Deus criou duas instituições na semana da criação: o sábado e a família. Ambas têm recebido ataques ferozes nos últimos tempos. Neste capítulo, colocaremos o foco sobre o casamento. Infelizmente, essa instituição tão valorizada por Deus tem sido desvirtuada, enfraquecida e, em alguns lugares, desconstruída. Precisamos entender como Deus vê o casamento e que valor atribui a ele. Além disso, vamos descobrir se e quando um casamento pode ser desfeito, sempre tendo por base a ótica cristã.

INDIVISÍVEIS

Certa vez, eu estava no aeroporto em uma longa espera pela hora de decolar. Fiz uma pequena refeição: um pão de queijo com chocolate quente. Enquanto saboreava meu lanche, fiquei pensando que, antes de ser preparado, aquele chocolate quente era, basicamente, duas substâncias: leite e chocolate. Porém, depois que foram misturados, não era mais possível identificar a diferença entre os dois. Já não eram mais duas substâncias, e sim apenas uma.

Um pensamento semelhante me veio quando fui visitar um amigo biólogo em sua casa; ele havia feito enxerto entre duas espécies diferentes de plantas. Depois de algum tempo, elas uniram-se de tal forma, que era impossível separá-las sem machucar ambas. Agora, aquelas duas plantas eram apenas uma.

Essas duas situações são muito úteis como introdução a este capítulo. Estou tentando ilustrar o casamento da perspectiva de Deus. No casamento, duas pessoas passam a ser uma; portanto, é impossível separá-las sem que ambas se machuquem.

CASAMENTO

É assim que a Bíblia trata o casamento, conforme vemos no seguinte texto:

> Com a costela que havia tirado do homem, o SENHOR Deus fez uma mulher e a levou até ele. Disse então o homem: "Esta, sim, é osso dos meus ossos e carne da minha carne! Ela será chamada mulher, porque do homem foi tirada". Por essa razão, o homem deixará pai e mãe e se unirá à sua mulher, e eles se tornarão uma só carne" (Gênesis 2:22-24).

Infelizmente, a sociedade moderna relativizou os conceitos há tanto tempo estabelecidos e cultivados com relação ao casamento, fazendo-se necessária uma reafirmação, por parte dos cristãos, dos princípios bíblicos concernentes ao casamento e suas características.

O PANORAMA ATUAL DO CASAMENTO

Não é preciso uma pesquisa profunda para sabermos que o casamento não é uma instituição tão valorizada hoje quanto foi em outras épocas. Basta uma rápida passagem pelas mídias disponíveis e veremos ícones sociais casando-se e descasando-se como se fosse um processo natural da vida e não houvesse nenhum tipo de princípio maior que regesse o assunto.

No Brasil, segundo dados do Instituto Brasileiro de Geografia e Estatística (IBGE), 140 mil casamentos acabam em

COSMOVISÃO cristã

divórcio a cada ano.[1] Esses dados refletem uma mentalidade muito forte em nossa época: a validade perpétua do matrimônio já não é mais respeitada por uma parte significativa da sociedade. Podemos atribuir o aumento exponencial no número de divórcios no Brasil a dois motivos básicos: a facilidade do processo jurídico e a relativização do conceito bíblico do casamento.

Um casal sem filhos pode trocar seu estado civil de casados para divorciados em questão de horas no Brasil. A nova "lei do divórcio" facilitou o processo, não requerendo mais um período longo de espera. Um site especializado em direito resume a questão da seguinte forma:

> Após a promulgação da Emenda Constitucional 66/2010 em 13 de julho de 2010, uma nova ótica deve ser extraída do novo texto constitucional, que deu contornos modernistas, precisos e inéditos ao Divórcio, tendo o § 6º do art. 226 da Constituição Federal passado a vigorar com a seguinte redação: "o casamento civil pode ser dissolvido pelo divórcio". Eis aqui uma das mais ousadas mudanças que o Direito de Família já sofreu nos últimos anos. É nessa nova concepção do Direito de Família que se busca, de forma efetiva, garantir, antes de qualquer coisa, o direito à dignidade humana, e onde se encontra, de forma clara, um Estado mínimo que deixa a critério dos cônjuges decidirem sobre a sua própria vida matrimonial. Em um primeiro momento parece claro que o instituto da Separação Judicial foi de uma vez por todas banido do ordenamento jurídico

---

[1] Dado disponível em: http://www.8tabelionato.com.br/?p=311.

CASAMENTO

pátrio, tendo em vista, que, em um Estado que se diz
democrático de direito, seria inadmissível este mesmo
Estado permanecer intervindo na vontade das pessoas,
infringindo assim o direito à liberdade, à intimidade
da vida privada e à dignidade da pessoa humana.[2]

Por causa dessa "nova ótica" citada pelo site, juridi-
camente está mais fácil desfazer um casamento, o que
encoraja muitas pessoas e tomarem essa via para o seu
matrimônio em crise. Esta, porém, não é a única explicação
para o aumento do número de divórcios no Brasil. A relativização do conceito bíblico de casamento se mostra como
um motivo mais contundente e catalisador desse processo.

Essa relativização de conceitos bíblicos até então absolutos, como a perpetuidade do matrimônio, é um reflexo da era
filosófica na qual vivemos, conhecida como pós-modernidade.
Esse período não tem uma data de surgimento bem-definida,
sendo a época pós-Segunda Guerra Mundial a mais aceita
entre os especialistas como a gênese dessa mentalidade. A
principal característica da pós-modernidade é a sua negação
de conceitos absolutos e, com isso, o certo e o errado passam
a ser simples opiniões individuais. Sobre esse período e sua
característica mais forte, afirma Douglas Reis:

> Certo e errado são termos que expressam atualmente
> apenas convicções pessoais e não representam
> critérios objetivos para avaliar em que cada um

---

[2]Disponível em: https://ambitojuridico.com.br/edicoes/revista-112/a-
nova-lei-do-divorcio-e-a-extincao-tacita-da-separacao-judicial/.

COSMOVISÃO cristã

decidiu crer. A própria diversidade de estilos
caracteriza o pensamento pós-moderno.[3]

Essa relativização atingiu todos os aspectos da sociedade. Religião, política, música, casamento, opção sexual,
enfim, tudo passou a ser relativo.[4] Como a perpetuidade
do casamento também se tornou, dentro do pensamento
pós-moderno, relativa, então cada casal pode decidir se o
divórcio é certo ou errado, e, ao que parece, muitos deles
têm decidido que é certo dar fim ao matrimônio.

Os cristãos, no entanto, acreditam que há princípios
imutáveis com relação às questões mais importantes da
vida. O casamento é uma dessas questões, portanto existem absolutos sobre o casamento que estão além da relativização do pós-modernismo. Esses absolutos estão
apresentados na Bíblia, que é a expressão da vontade de
Deus para os seres humanos, e os cristãos creem na Bíblia
como livro normativo, porque:

> A Bíblia Sagrada não se assemelha a nenhum outro livro
> no mundo inteiro. É o único livro que se apresenta como
> sendo a revelação escrita do único Deus verdadeiro,
> visando à salvação do homem, e que demonstra sua
> autoridade divina por meio de muitas provas infalíveis.[5]

---

[3]REIS, Douglas. *Explosão Y: adventismo, pós-modernidade e gerações emer-
gentes* (Ivatuba: Instituto Adventista Paranaense, 2013).

[4]O pensamento relativista é tão frágil filosoficamente, que não resiste
a ele mesmo. Se tudo for relativo, então a própria afirmação de que "tudo é
relativo" é relativa, admitindo, portanto, o absoluto. Ou seja, a própria afirmação fundamental do pós-modernismo causa a implosão dessa filosofia.

[5]ARCHER JR., Gleason L. *Merece confiança o Antigo Testamento* (São Paulo:
Vida Nova, 2008), p. 9.

180

CASAMENTO

Não há dúvida de que tal afirmação a respeito da Bíblia é rejeitada de maneira veemente por muitos intelectuais na atualidade. Fazer essa afirmação no meio acadêmico, por exemplo, pode se tornar motivo de ridicularização para quem afirma, e esse é um aspecto muito forte na cultura atual.

> Nossa cultura moderna tem muitos preconceitos com relação à religião, mas nenhum deles é tão forte como aquele que tem levado alguns a reduzirem a religião à categoria de mera opinião. É muito comum encontrarmos pessoas que defendem a ideia de que a religião está repleta de lendas e mitos, e que, por isso, não pode ser aceita como fonte de ciência. Por causa desse preconceito, alguns intelectuais têm afirmado que a Bíblia está cheia de mitos. É geralmente assim que pensam os "homens de ciência" de nossos dias.[6]

É preciso destacar, no entanto, que a Bíblia é aceita como a palavra revelada de Deus por uma grande quantidade de intelectuais e cientistas, o que mostra que pessoas das ciências também creem na validade e relevância da Bíblia para os nossos tempos. Josh Mcdowell é um exemplo desse grupo com sua coleção de livros *Evidência que exige um veredito*, em q,ue afirma categoricamente que crê na Bíblia como a palavra de Deus. Como exemplo de sua crença, ele conta: "Um professor universitário comentou comigo: 'Se você for uma pessoa inteligente, lerá aquele livro que tem atraído a atenção mais do que qualquer outro, isso se você

---

[6]BRUCE, F. F. *Merece confiança o Novo testamento?*, 3. ed. rev. (São Paulo: Vida Nova, 2010), p. 7.

COSMOVISÃO cristã

estiver buscando a verdade'".[7] Muitos outros intelectuais destacados no meio científico podem ser listados como crentes na validade universal e atemporal da Bíblia.[8]

É com base na Bíblia como a revelação da vontade de Deus para todos os assuntos essenciais da vida humana que queremos destacar as características do casamento, principalmente no que diz respeito à sua duração e formatação.

ESTABELECIDO NO PRINCÍPIO

Nos 11 primeiros capítulos de Gênesis, encontramos os mais importantes princípios eternos de Deus. Há um prejuízo teológico tremendo quando alguns teólogos querem transformar esses capítulos em mitos ou alegorias, porque, se esses capítulos não forem literais, todo o cristianismo estará fadado ao fracasso, pois seus conceitos-chave do cristianismo estão neles.

Nesses capítulos encontramos, por exemplo, o monoteísmo como padrão para a religião verdadeira, informações importantes sobre a natureza do homem, as primeiras promessas do plano da redenção, a criação e tudo que ela envolve.

Em Gênesis também encontramos as duas instituições criadas por Deus antes da entrada do pecado: o sábado e o

---

[7]MCDOWELL, Josh. *Evidência que exige um veredito: evidências históricas da fé cristã*, 2. ed. (São Paulo: Candeia, 1996), p. 30.

[8]Cientistas famosos creem na Bíblia como a palavra de Deus. A seguir, alguns nomes que servem como exemplo: C.S. Lewis (Oxford); Alister McGrath (Oxford); Joana McGrath (Universidade de Londres); Antony Flew (Filósofo de Oxford); Willian Lane Craig (Talbot School of Theology); Jonh C. Lennox (Oxford).

casamento. Ambas perduram até hoje como válidas e benéficas ao ser humano.

No relato do primeiro casamento, em Gênesis, encontramos informações fundamentais para o modelo matrimonial apoiado pela Bíblia. Está escrito: "Por essa razão, o homem deixará pai e mãe e se unirá à sua mulher, e eles se tornarão uma só carne" (Gênesis 2:24). O padrão estabelecido nesse episódio é o casamento monogâmico (o homem se une a uma mulher), heterossexual (homem e mulher são criados para se completarem) e que deve durar até que a morte os separe. O casal deve estar unido em seus corpos, em seus interesses e reciprocidade de afetos, pois assim é o plano de Deus para os casais.

Infelizmente, depois da entrada do pecado no mundo, muitas dificuldades têm se colocado entre os casais, e alguns estão decidindo interromper o casamento por acreditarem que essa é a melhor solução para seus problemas. Para Deus, no entanto, o divórcio é uma opção que só foi incluída na história humana por causa da dureza do coração humano (cf. Mateus 19:8). Mesmo em situações de traição conjugal, o ideal é o perdão, não o divórcio.[9]

CONFIRMAÇÕES DA TEOLOGIA DO CASAMENTO

Jesus Cristo confirmou a indivisibilidade do casamento quando esteve na terra, dizendo: "Assim, eles já não são dois, mas sim uma só carne" (Marcos 10:8). Embora haja

---

[9]A traição conjugal é a única exceção bíblica para que um casamento termine em divórcio.

COSMOVISÃO cristã

uma única opção bíblica para um divórcio (relações sexuais ilícitas, conforme Mateus 19:9), ele nunca acontece sem que haja sofrimento. Isso se dá por um único motivo: ao separar duas pessoas que são uma só carne, haverá ferimento e dor em ambas, e nunca mais elas serão completas. Por isso, Jesus Cristo disse: "Assim, eles já não são dois, mas sim uma só carne. Portanto, o que Deus uniu, ninguém separe" (Mateus 19:6). Essa é a recomendação de Deus para o casamento. O divórcio nunca é a melhor opção.

O apóstolo Paulo também tratou desse assunto e confirmou os conceitos de Gênesis ao escrever o seguinte:

> Mulheres, sujeitem-se a seus maridos, como ao Senhor, pois o marido é o cabeça da mulher, como também Cristo é o cabeça da igreja, que é o seu corpo, do qual ele é o Salvador. Assim como a igreja está sujeita a Cristo, também as mulheres estejam em tudo sujeitas a seus maridos. Maridos, amem suas mulheres, assim como Cristo amou a igreja e entregou-se a si mesmo por ela (Efésios 5:22-25).

Nesse texto, Paulo indica que o casamento é o símbolo da união entre Jesus e sua igreja; isso coloca uma responsabilidade maior ainda sobre essa instituição e mostra quanto Deus espera estabilidade dela, assim como deseja estabilidade em sua relação com a igreja. Essa declaração de Paulo tem eternidade embutida para o casamento e para a relação do ser humano com Deus.

Para enfatizar ainda mais essa união indivisível do casamento, Paulo escreveu:

CASAMENTO

> O marido deve cumprir os seus deveres conjugais para com a sua mulher, e da mesma forma a mulher para com o seu marido. A mulher não tem autoridade sobre o seu próprio corpo, mas sim o marido. Da mesma forma, o marido não tem autoridade sobre o seu próprio corpo, mas sim a mulher (1Coríntios 7:3-4).

A união é tão intensa, que a posse do corpo é compartilhada com o cônjuge, o que deixa muito claro que Deus tem aversão à ideia de divórcio.

DEUS ESPERA QUE O CASAMENTO SEJA PARA SEMPRE

Quando a Bíblia afirma que o homem deve unir-se à sua mulher (Gênesis 2:22-24), ela está traduzindo para o português a palavra hebraica *deibaq*, ou seja, está dizendo que, literalmente, ele deve "colar-se" à sua esposa, e essa cola é daquelas que, quando se tenta descolar, causa um estrago muito grande em ambas as partes.

O sábio escreveu em referência à união que deve haver entre os cristãos e, especialmente, no casamento: "E, se alguém prevalecer contra um, os dois lhe resistirão; e o cordão de três dobras não se quebra tão depressa" (Eclesiastes 4:12, ARC).[10] Nesse versículo está o segredo para que um casamento resista às mais cruéis crises: três dobras — Deus, marido e mulher.

Em outro texto bíblico, encontramos um trecho poético que celebra um casamento feliz. Está escrito assim:

---

[10]A terceira dobra seria o próprio Deus.

185

COSMOVISÃO cristã

Uma esposa exemplar; feliz quem a encontrar!
É muito mais valiosa que os rubis.

Seu marido tem plena confiança nela
e nunca lhe falta coisa alguma.

Ela só lhe faz o bem, e nunca o mal,
todos os dias da sua vida.

Escolhe a lã e o linho e com prazer trabalha com as mãos.

Como os navios mercantes, ela traz
de longe as suas provisões.

Antes de clarear o dia ela se levanta, prepara comida
para todos os de casa, e dá tarefas às suas servas.

Ela avalia um campo e o compra; com
o que ganha planta uma vinha.

Entrega-se com vontade ao seu trabalho;
seus braços são fortes e vigorosos.

Administra bem o seu comércio lucrativo, e a
sua lâmpada fica acesa durante a noite.

Nas mãos segura o fuso e com os dedos pega a roca.

Acolhe os necessitados e estende as mãos aos pobres.

Não receia a neve por seus familiares,
pois todos eles vestem agasalhos.

Faz cobertas para a sua cama; veste-
se de linho fino e de púrpura.

Seu marido é respeitado na porta da cidade, onde
toma assento entre as autoridades da sua terra.

Ela faz vestes de linho e as vende, e
fornece cintos aos comerciantes.

CASAMENTO

Reveste-se de força e dignidade; sorri diante do futuro.

Fala com sabedoria e ensina com amor.

Cuida dos negócios de sua casa e não dá lugar à preguiça.

Seus filhos se levantam e a elogiam; seu marido também a elogia, dizendo:

"Muitas mulheres são exemplares, mas você a todas supera".

A beleza é enganosa, e a formosura é passageira; mas a mulher que teme ao Senhor será elogiada.

Que ela receba a recompensa merecida, e as suas obras sejam elogiadas à porta da cidade (Provérbios 31:10-31).

A felicidade da esposa exemplar, ou mulher virtuosa, acontece dentro do contexto do matrimônio. A famosa autora Stormie Omartian, que escreveu vários livros na área de relacionamentos, listou 12 motivos pelos quais não se deve desistir do casamento. São os seguintes:

1º Agrada a Deus.

2º As pessoas casadas vivem mais.

3º Você terá mais saúde.

4º Não terá que dividir sua renda.

5º Não terá de repartir os filhos.

6º Será mais protegido (a).

7º Não terá de viver só.

8º Poderá construir algo com seu cônjuge.

9º Não deixará um legado de divórcio para os filhos.

10º Não terá de mudar-se para outra casa ou apartamento.

COSMOVISÃO cristã

11º Vocês serão capazes de ajudar um ao outro a levantar-se quando caírem.

12º As orações que vocês fazem juntos têm mais poder.[11]

A ênfase do cristianismo sempre foi a manutenção do casamento e a superação das crises em conjunto. Sendo assim, a banalização do divórcio é algo contrário às Escrituras; portanto, contrário à vontade de Deus.

DECIDIR FICAR COM DEUS

Diante dos argumentos apresentados, podemos concluir, recapitulando, que o padrão de Deus para o casamento é que ele seja monogâmico, heterossexual e até que a morte separe seus integrantes. O que estiver fora desse padrão está fora da vontade expressa de Deus em sua Palavra, e o ideal é que estejamos cada vez mais próximos daquilo que a Bíblia nos apresenta como princípio. A despeito da cultura vigente, é dever dos cristãos prezar pela vontade expressa de Deus em todos os aspectos da vida, inclusive no que diz respeito ao matrimônio.

Todas as vezes que o verdadeiro cristão está diante de uma situação na qual ele precisa decidir entre um claro princípio estabelecido por Deus e uma imposição cultural de sua época, ele sempre decidirá pelo princípio divino, e deve ser assim no que diz respeito ao casamento e às suas características, pois, para o cristão, "é preciso obedecer antes a Deus do que aos homens" (Atos 5:29).

---

[11]OMARTIAN, Stormie. *O poder da esposa que ora* (São Paulo: Mundo Cristão, 1998), p. 119.

CAPÍTULO 12

PATERNIDADE

Uma das maiores responsabilidades que um homem pode receber é a de ser pai. Uma vida é colocada em suas mãos para que ele a eduque, sustente e dê exemplo. Eu sou pai e tenho vivido essa experiência. Se você é pai ou deseja ser pai, se é mãe ou deseja ser mãe, eu lhe faço o convite para pensarmos a respeito desse assunto sob a ótica cristã.

EDUCAÇÃO

Trabalhei com educação por 16 anos ininterruptos; destes, 14 em sala de aula como professor. Tive muitas alegrias em minha profissão, pois é inexplicável a satisfação de ver crianças se tornando homens e mulheres úteis à sociedade.

Contudo, também tive a oportunidade de acompanhar algumas situações tristes, como alunos que fracassaram em sua vida acadêmica e social. Os jovens que se enquadram nesse grupo passam, em sua grande maioria, por um drama recorrente: a ausência dos pais.

Muitos pais hoje estão preocupados em ganhar mais dinheiro, ter o carro do ano, comprar um apartamento maior ou fazer a viagem dos sonhos. Muitas vezes, esses objetivos financeiros são alcançados em detrimento da educação dos filhos.

Em minha experiência e nos estudos que tenho feito, a ausência do pai (figura masculina) é a mais comum e tem prejudicado crianças e jovens em seus aspectos sociais e psicológicos mais íntimos. A ausência do pai é desastrosamente prejudicial para um ser humano.

Trabalhei em uma escola que tem o regime de internato no sul do Brasil. Quando os alunos cometiam uma infração grave ao código de ética do internato, era solicitada a reunião da comissão de disciplina, formada por preceptores, diretores, pastor e pais. Sim, os pais, mesmo morando distante do colégio, precisavam ir ao nosso encontro, porque, na hora de disciplinar, ninguém seria melhor que eles.

Já participei de diversas comissões de disciplina por motivos diversos, desde envolvimento com drogas até agressão física, passando por uma variedade tremenda de casos. Porém, fico impressionado cada vez que paro e penso em um fator comum a todas as comissões. Praticamente todos os alunos que geraram problemas disciplinares viviam arealidade de ser filhos de pais ausentes.

UM PAI FRACASSADO

Os internatos, sempre que necessário, reúnem a comissão de disciplina para resolver problemas relacionados aos alunos. Nessas comissões, muitas coisas são reveladas sobre as ações de indisciplina dos internos, mas também sobre as famílias daqueles garotos. Em uma dessas comissões, ouvimos um aluno e seus pais. O rapaz tinha usado drogas no colégio, e estávamos ali para decidir o que aconteceria com ele com relação à escola.

Ouvimos o aluno, ele confessou o uso do entorpecente e ainda entregou outros colegas que também transgrediram as regras do internato. Depois, deixamos os pais à vontade para falarem algo, se assim o quisessem. Naquele momento, ouvi uma das declarações mais tristes de toda a minha vida.

O pai era o gerente regional de um grande banco nacional. Havia ocupado altos cargos daquela empresa e tinha

COSMOVISÃO cristã

construído, com muito trabalho, um patrimônio financeiro muito bom — em resumo, havia alcançado o sucesso profissional. Viajou todo o Brasil a trabalho, dormiu nos melhores hotéis, comeu nos melhores restaurantes, conheceu lindos lugares, mas não percebia que, enquanto ele estava ganhando o mundo, estava perdendo o seu filho para as drogas.

Aquela não era a primeira vez que o menino usava maconha; aliás, o menino tinha ido para lá para tentar se livrar dela. Agora, o pai teria que levar seu filho de volta pelo mesmo motivo que o fizera levar seu filho para aquele colégio.

Na hora de falar, aquele homem começou a chorar copiosamente, e suas lágrimas caíam sobre a camisa cara que usava. Quando ele conseguiu se controlar, falou algumas frases que deram um nó na minha garganta. Ele disse: "Perdi 11 anos viajando... a culpa é minha".

Infelizmente, não posso discordar daquele homem. Por mais trágico que seja, a sua decisão de crescer profissionalmente sufocou a educação de seu filho e lançou o garoto nos braços das drogas. Aquele homem tinha muito dinheiro, muito prestígio social, mas dentro de casa tinha um filho destruído. A pergunta que se faz é: valeu a pena?

PAI AUSENTE, FILHO CARENTE

Conheci o garoto (o chamarei assim para preservá-lo de constrangimentos) no colégio onde trabalhava. Os alunos estudam e moram no internato, que tem um ambiente muito agradável, onde os jovens encontram a oportunidade

PATERNIDADE

de desenvolver suas habilidades naturais e de aprender outras novas.

Porém, às vezes vão para o colégio jovens que carregam problemas emocionais sérios, e esse era o caso daquele garoto que tinha uma mágoa tremenda do seu pai por causa da ausência dele ao longo de sua infância e adolescência. Vou lhe contar como consegui saber de tudo isso.

O garoto havia ido para o colégio no início daquele ano, e sua natureza o fazia ser muito reservado, mesmo com os colegas de quarto e de sala de aula. Era difícil arrancar uma frase inteira dele; na maioria das vezes, suas respostas eram monossilábicas. Certo dia, um dos colegas do garoto voltou para o internato, após um feriado, portando maconha, e não apenas a usou como convidou alguns colegas para usar, entre eles o garoto. Porém, nenhum mal fica encoberto para sempre, e eles foram descobertos. Os pais foram chamados para a comissão de disciplina, e no dia da reunião eu estava lá.

Depois de ouvir o diretor contar tudo para o pai do garoto e ouvir o pai tentar, de maneira velada, jogar a culpa para a escola, falei algumas palavras para o garoto a respeito do prejuízo que as drogas trazem para a vida de um jovem; sobre como ela tem destruído famílias etc. Enquanto eu falava, o pai do garoto tentava disfarçar as lágrimas que caíam de seus olhos; certamente ele estava sofrendo muito — aliás, qualquer pai sofreria. Aproveitei aquela cena para tentar sensibilizar o garoto, e foi quando tive a maior surpresa daquela tarde.

Eu perguntei:

COSMOVISÃO cristã

— Garoto, o que você sente ao ver que uma ação sua está fazendo seu pai sofrer tanto? Você não sofre ao ver seu pai assim?

O silêncio se instalou na sala, e por alguns segundos eu esperei que o garoto respondesse às minhas perguntas, mas ele olhava fixamente para mim sem dizer uma palavra. Eu repeti as perguntas e o silêncio continuou, até que, para se livrar da situação constrangedora, ele respondeu de forma muito seca:

— Um pouco.

Fiquei muito intrigado com aquela situação e esperei o resultado da comissão de disciplina. Resolvemos dar uma segunda chance para o garoto, mas o silêncio dele diante das minhas perguntas não me deixava tranquilo.

Uma semana depois consegui marcar um encontro com o garoto. Ele foi até minha sala e conversamos um pouco sobre o assunto das drogas, sobre o que ele havia aprendido com a experiência de algumas semanas atrás, e ele me deu algumas respostas muito curtas. Então, eu fiz a pergunta que mais me intrigava.

Quis saber o motivo daquele silêncio quando lhe perguntei a respeito do sofrimento do pai dele. Mais uma vez, ele ficou me olhando sem falar nada. Pensei que novamente ficaria sem resposta, mas não queria perder aquela oportunidade, então fui mais incisivo. Fiz duas perguntas bem diretas:

— Como é a sua relação com seu pai? Há alguma mágoa que você guarda com relação a ele?

PATERNIDADE

Pela primeira vez o garoto falou mais de uma frase sem parar. Ele me contou que era muito magoado com seu pai porque durante boa parte de sua vida ele esteve ausente.

— Meu pai é responsável por várias agências pelo Brasil e, desde quando eu era criança, ele viaja para cuidar dessas agências. Ele nunca estava conosco.

A mágoa daquele garoto era gerada pela falta que sentia de seu pai. Eu conseguia ver nos olhos lacrimejantes daquele jovem o pedido pela atenção de um pai que preferiu construir um império financeiro a construir o caráter dos filhos. Por trás daquele rosto fechado e do corpo forte havia uma criança que sonhava com o abraço do pai.

Tudo que estava acontecendo com o garoto (incluindo as outras vezes em que ele havia provado droga antes do colégio) poderia ter sido evitado apenas se um pai tivesse colocado a educação de seu filho acima da ganância. "Eu queria a presença do meu pai, não o dinheiro dele", essa era a mensagem de um filho carente.

Essas histórias, infelizmente, são mais comuns do que podemos pensar. Existem milhares de jovens que tiveram sua formação psicológica, espiritual e social prejudicada pela ausência da figura paterna, e é sobre esse assunto que trataremos neste capítulo. Usaremos como fio condutor do nosso trabalho uma das mais trágicas histórias da Bíblia e também um dos mais tristes exemplos do prejuízo da ausência dos pais na vida dos filhos. Estou me referindo à história de Davi e Absalão, que constitui um triste exemplo bíblico do nosso assunto.

Davi foi um homem segundo o coração de Deus, mas não se mostra como um exemplo de pai a ser seguido.

195

COSMOVISÃO cristã

Temos muito que aprender com ele a respeito de lições espirituais, mas também temos muito que aprender com ele sobre paternidade; contudo, nesse caso, infelizmente aprenderemos por contraste.

BEM-SUCEDIDO, MAS FORA DE CASA

Davi foi escolhido rei com o objetivo de reconquistar as terras que Deus havia dado ao seu povo e que tinham sido ocupadas por nações pagãs. Ele era um rei guerreiro, e seu trabalho era guerrear e conquistar.

O rei-pastor exerceu sua função com maestria. Acompanhe o trecho bíblico a seguir:

> Enquanto isso, Joabe atacou Rabá dos amonitas e conquistou a fortaleza real. Então mandou mensageiros a Davi, dizendo: "Lutei contra Rabá e apoderei-me dos seus reservatórios de água. Agora, convoca o restante do exército, cerca a cidade e conquista-a. Se não, eu terei a fama de havê-la conquistado". Então, Davi convocou todo o exército, foi a Rabá, atacou a cidade e a conquistou. A seguir tirou a coroa da cabeça de Milcom, uma coroa de ouro de trinta e cinco quilos; ornamentada com pedras preciosas. E ela foi colocada na cabeça de Davi. Ele levou uma grande quantidade de bens da cidade e levou também os seus habitantes, designando-lhes trabalhos com serras, picaretas e machados, além da fabricação de tijolos. Davi fez assim com todas as cidades amonitas. Depois voltou com todo o seu exército para Jerusalém (2Samuel 12:26-31).

PATERNIDADE

Tenho uma convicção: esse texto não foi escrito para relatar uma vitória, mas para lamentar uma derrota. Se observarmos bem, há o relato de uma vitória entre duas derrotas familiares. Os capítulos anteriores retratam a derrota espiritual de Davi e os capítulos posteriores retratam sua derrota familiar. É como se a estrutura do texto dissesse para o leitor: essa vitória fora de casa não compensa as derrotas dentro de casa. Mas, antes de tratarmos das derrotas familiares de Davi, vamos conhecer um pouco melhor esse personagem.

QUEM ERA DAVI?

Em primeiro lugar, Davi era um homem bastante ocupado. Ele tinha um reino para administrar, muitas causas para julgar, muitos assuntos militares para resolver, ou seja, era um homem com uma agenda superlotada, assim como muitos pais atualmente.

Davi era um homem de sucesso. Ele obteve muitas vitórias militares, e o texto bíblico dá uma breve descrição desse sucesso: "Davi passou a morar na fortaleza e chamou-a cidade de Davi. Construiu defesas na parte interna da cidade desde os muros de arrimo. E foi se tornando cada vez mais poderoso, pois o Senhor Deus dos Exércitos estava com ele" (2Samuel 5:9-10). Davi tinha a presença do Senhor, crescia em poder militar, mas negligenciava os filhos. Ele é o antecessor de homens de Deus que negligenciam os filhos e a família.

Davi era um homem bem-intencionado com relação aos filhos, e os nomes que ele escolheu já indicavam isso.

197

COSMOVISÃO cristã

Um deles se chamava Adonias (Aquele de quem Deus é o Senhor). Outro se chamava Salomão (o Pacificador). Outro filho se chamava Absalão (Pai da paz). Davi nem sonhava que suas boas intenções não seriam efetivadas em vidas felizes, especialmente com Absalão, visto que aquele que foi chamado de "O pai da paz" declararia guerra contra o próprio pai. Davi tinha boas intenções para com seus filhos, mas boas intenções que não se transformam em ações efetivas de investimento nos filhos não são suficientes.

A FAMÍLIA DE DAVI

Toda negligência paternal de Davi teve consequências horríveis para a sua família. A seguir, farei uma descrição de uma das mais tristes histórias familiares da Bíblia.

A tragédia começou quando Amnon, um dos filhos de Davi, se apaixonou por sua irmã, Tamar. Essa já é uma situação bastante estranha; para piorar, Amnon não tinha intimidade suficiente com seu pai para pedir conselhos e resolver a questão. Ele então procurou aconselhamento com amigos, que o influenciavam para o mal. Foi assim essa história trágica:

> Amnom tinha um amigo muito astuto chamado Jonadabe, filho de Simeia, irmão de Davi. Ele perguntou a Amnom: "Filho do rei, por que todo dia você está abatido? Quer me contar o que se passa?" Amnom lhe disse: "Estou apaixonado por Tamar, irmã de meu irmão Absalão".
> Então disse Jonadabe: "Vá para a cama e finja estar doente. Quando seu pai vier visitá-lo, diga-lhe: 'Permite que minha

PATERNIDADE

irmã Tamar venha dar-me de comer. Gostaria que ela preparasse a comida aqui mesmo e me servisse. Assim poderei vê-la'". Amnom atendeu e deitou-se na cama, fingindo-se doente. Quando o rei foi visitá-lo, Amnom lhe disse: "Eu gostaria que minha irmã Tamar viesse e preparasse dois bolos aqui mesmo e me servisse". Davi mandou dizer a Tamar no palácio: "Vá à casa de seu irmão Amnom e prepare algo para ele comer". Assim, Tamar foi à casa de seu irmão, que estava deitado. Ela amassou a farinha, preparou os bolos na presença dele e os assou. Depois pegou a assadeira e lhe serviu os bolos, mas ele não quis comer. Então Amnom deu ordem para que todos saíssem; depois que todos saíram, Amnom disse a Tamar: "Traga os bolos e sirva-me aqui no meu quarto". Tamar levou os bolos que havia preparado ao quarto de seu irmão. Mas quando ela se aproximou para servi-lo, ele a agarrou e disse: "Deite-se comigo, minha irmã". Mas ela lhe disse: "Não, meu irmão! Não me faça essa violência. Não se faz uma coisa dessas em Israel! Não cometa essa loucura. O que seria de mim? Como eu poderia livrar-me da minha desonra? E o que seria de você? Você cairia em desgraça em Israel. Fale com o rei; ele deixará que eu me case com você". Mas Amnom não quis ouvir e, sendo mais forte que ela, violentou-a. Logo depois Amnom sentiu uma forte aversão por ela, mais forte que a paixão que sentira. E disse a ela: "Levante-se e saia!" Mas ela lhe disse: "Não, meu irmão, mandar-me embora seria pior do que o mal que você já me fez". Ele, porém, não quis ouvi-la, e chamando seu servo, disse-lhe: "Ponha esta mulher para fora daqui e tranque a porta" (2Samuel 13:3-17).

COSMOVISÃO cristã

Davi estava ocupado demais para saber quem eram os amigos dos filhos. Sabe o que Davi fez quando soube do plano e da execução do estupro? Absolutamente nada. Nem uma palavra na família sobre o fato (2Samuel 13:21). Davi deixou que o crime vergonhoso de seu filho mais velho, Amnom, passasse sem ser punido.[1]

Absalão ficou dois anos esperando alguma providência do pai e, enquanto isso, o Diabo encheu o coração dele de ódio. Note que Davi ficou dois anos sem dar um abraço de consolo em Tamar e sem confrontar o seu filho, Amnon. Isso revoltou muito o coração de Absalão, que resolveu elaborar um plano para matar Amnon. Ele provavelmente pensava: "Se meu pai não fez nada, eu farei".

O texto bíblico diz que todo o reino sabia do plano de um irmão para matar o outro, e certamente Davi também sabia, mas, quando Absalão pediu para ir ao campo com Amnon, o máximo que o rei fez foi pedir que todos os irmãos fossem juntos. Ele achava que, dessa maneira, o crime seria evitado; mas, no campo, Absalão mata o irmão. Sabe o que Davi fez quando recebeu a notícia de um assassinato em sua família? Nada.

Após o crime, Absalão fugiu para a casa de seu avô, e, durante os três anos em que esteve na casa do avô Talmai (2Samuel 13:37-39), ele não recebeu nenhum contato do seu pai. A situação parecia não incomodar muito o rei. Foi Joabe que resolveu trazer Absalão de volta (2Samuel 14). Absalão voltou e foi morar vizinho ao palácio e passou mais dois anos sem ver seu pai. Isso mesmo, não perca a conta. São

---

[1] WHITE, Ellen, G.. *Os escolhidos*, p. 489.

sete anos de silêncio de Davi com relação às tragédias que aconteciam em sua casa.

Depois de tanto tempo de desprezo, Absalão não aguenta mais e faz um pedido aos assessores do rei: "Quero ser recebido pelo rei; e, se eu for culpado de alguma coisa, que ele mande me matar" (2Samuel 14:32). Perceba que ele não se dirige a Davi como pai, mas como rei, demonstrando que o afastamento emocional era muito grande.

Davi autorizou a entrada de Absalão em sua sala de audiência. O filho esperava uma conversa franca e demorada sobre os acontecimentos dos últimos sete anos. Quem sabe esperasse uma repreensão do pai por suas atitudes erradas, uma justificativa por não ter tomado providências com relação ao estupro de Tamar. Absalão queria ouvir alguma palavra paterna, mesmo que fosse de repreensão, mas essas palavras não vieram. Um beijo foi tudo o que Davi deu a Absalão, apenas um beijo e o despediu.

ABSALÃO COMEÇA O GOLPE MILITAR

O texto de 2Samuel 15 diz que Absalão se revoltou contra seu pai. Ele começou a dizer que não havia justiça em Israel e a tratar o povo como gostaria de ter sido tratado. Então, convocou Aitofel como líder do seu governo. Um detalhe: Aitofel era avô de Bate-Seba e certamente guardava muito rancor de Davi. O principal conselho de Aitofel foi que Absalão coabitasse com as mulheres de Davi na sacada do palácio.

Absalão recebeu conselhos militares errados e acabou tendo de fugir de seu pai. Durante a fuga, seus cabelos se prenderam a uma árvore, e Joabe (seu primo) traspassou a espada no coração de Absalão.

COSMOVISÃO cristã

Quando Davi recebeu a notícia de que seu filho estava morto, rasgou as vestes e gritou: "Ah, meu filho Absalão! Meu filho, meu filho Absalão! Quem me dera ter morrido em seu lugar! Ah, Absalão, meu filho, meu filho" (2Samuel 18:33).

Vale lembrar aqui que, quando Jó soube que seus filhos morreram, ele disse: "O SENHOR deu, o SENHOR o levou; louvado seja o nome do SENHOR" (Jó 1.21). Qual o motivo de respostas tão diferentes para eventos semelhantes? *Consciência!* Jó era o pai que zelava por seus filhos, sacrificava-se por eles, investiu sua vida na vida deles. E, quando eles morreram, ele sabia que havia feito o melhor por eles enquanto em vida. Davi, embora tenha o coração de Deus, nunca conseguiu ter o coração dos filhos. Lidera uma nação, mas não consegue liderar seu lar. Derruba Golias, mas não consegue derrubar as muralhas relacionais dentro de casa. É o maior rei da história, mas o pior pai da Bíblia. Davi quer morrer pelo filho, pois nunca viveu para ele. Amou fora do tempo. Gritou quando seu filho não mais podia ouvi-lo.

Que hoje possamos abraçar quem ainda está ao alcance do nosso abraço, amar os que ainda podem receber nosso amor. Perdoe enquanto é tempo. "Os mortos recebem mais flores que os vivos, pois o remorso é mais forte que a gratidão".[2] Viva pelos que você ama para não desejar morrer por eles quando for tarde demais.

LIÇÕES DEIXADAS POR DAVI E ABSALÃO

Como mencionei anteriormente, a história familiar de Davi é uma das mais tristes da Bíblia. Tenho convicção de que

---

[2]Frase atribuída a Anne Frank.

PATERNIDADE

ela ficou registrada nas Escrituras como uma forma de alerta para cada um de nós, especialmente aqueles que são pais. A seguir, vamos destacar algumas lições que aprendemos com a família de Davi.

1. Davi terceirizava o cuidado com os filhos

Quando Absalão estava com problemas, Davi deixou que o avô Talmai cuidasse da situação; depois Joabe, primo de Absalão e chefe militar do rei, cuidou do rapaz. Davi não se envolveu diretamente com o problema de seu filho, e isso nos leva a refletir sobre a seguinte pergunta: para quem estamos terceirizando os nossos filhos? Para a TV, para a internet, para a vovó, para a babá, para a escola ou para a igreja? A responsabilidade de educar o filho é dos pais e de ninguém mais.

2. Davi não tinha tempo para os filhos

O rei Davi tinha muitos compromissos militares, muitas reuniões e solenidades que o impediam de dar tempo de qualidade para seus filhos. Dito isso, para e pense: o que tem consumido o tempo que deveria ser dos nossos filhos? O futebol, a TV, a internet, o trabalho?

3. Ter vida de príncipe ou princesa não faz uma criança feliz

Absalão tinha tudo, mas não tinha o principal: a presença do pai. O dinheiro que você ganha, os brinquedos que você dá, as viagens esporádicas que proporciona não substituem a sua presença.

COSMOVISÃO cristã

Estudos científicos demonstram uma ligação íntima entre a ausência paterna e problemas enfrentados pelos adolescentes. Há uma estreita relação entre a ausência do pai e o ingresso na criminalidade na adolescência.[3] Há uma ligação forte entre pais que trabalham no período noturno e um baixo autoconceito do filho.[4]

4. Davi não contrariava seus filhos

Davi tinha receio de confrontar seus filhos com seus erros. Ele não contrariou Amnon, não contrariou Absalão, não contrariou Adonias. Veja o que diz o texto bíblico:

> Ora, Adonias, cuja mãe se chamava Hagite, tomou a dianteira e disse: "Eu serei o rei". Providenciou uma carruagem e cavalos, além de cinquenta homens para correrem à sua frente. Seu pai nunca o havia contrariado; nunca lhe perguntava: "Por que você age assim?" Adonias também tinha boa aparência e havia nascido depois de Absalão (1Reis 1:5-6).

Quando os pais ou as autoridades negligenciam o dever de punir o mal, uma série de circunstâncias se seguirão e punirão o pecado com outro pecado.[5] Talvez, por *culpa*, Davi não tenha contrariado seus filhos. Antes de seu pecado, ele tinha sido corajoso e decidido, mas, desde então, se

---

[3]Conforme estudo de Andrea Máris Campos Guerra e Oswaldo França Neto – UFMG.
[4]Conforme estudo de Fabiana Cia e Elizabeth Joan Barham — UFSCar.
[5]*Os escolhidos*, p. 489.

mostrava fraco e indeciso, o que contribuiu para os planos de seu filho.[6] Isso nos leva a uma verdade dolorosa: *pais que não confrontam seus filhos acabam por perdê-los.*

DEVERES DOS PAIS

Deus espera que os pais cuidem dos seus filhos, que os eduquem e os conduzam aos caminhos divinos.

> Ditosos os pais cuja vida é um verdadeiro reflexo da divina, de modo que as promessas e mandamentos de Deus despertem na criança gratidão e reverência; os pais cuja ternura, justiça e longanimidade representam para a criança a longanimidade, a justiça e o amor de Deus; e que, ao ensinarem o filho a amá-los, a neles confiar e obedecer-lhes, estão ensinando-o a amar o Pai do Céu, a nEle confiar e obedecer-Lhe. Os pais que comunicam ao filho semelhante dom, dotam-no com um tesouro mais precioso que a riqueza de todos os séculos — um tesouro perdurável como a eternidade.[7]

Você é pai? Então, sugiro que assuma um compromisso: ser bem-sucedido dentro de casa tanto quanto o é fora dela. Ou, melhor, ser mais bem-sucedido dentro de casa do que fora.

---

[6]*Os escolhidos*, p. 491.
[7]WHITE, Ellen G. *A ciência do bom viver* (CPB, 2013), p. 375-6.

CAPÍTULO 13

CUIDADO COM A NATUREZA

O cuidado com a natureza tem sido assunto de muitas reuniões mundiais, pois todos os países do mundo preocupam-se com essa questão. É verdade que alguns se preocupam mais e outros menos, e os que menos se preocupam são, muitas vezes, os que mais poluem. A verdade é que o cuidado com a natureza é um assunto importante e precisa ser discutido pelos organismos mundiais, que, de alguma forma, podem contribuir para amenizar problemas como o desmatamento, o aquecimento global, a extinção de espécies animais e vegetais, dentre outros.

Essa também é uma preocupação de Deus, que é o Criador dos ecossistemas e não fica feliz em ver sua criação sendo destruída. Deus valoriza a natureza, haja vista o cenário que ele escolheu para iniciar a história deste mundo. O início da história da humanidade aconteceu dentro de um grande jardim, uma magnífica paisagem natural. De acordo com o teólogo especialista em história da igreja, Alderi de Matos:

> O ponto de partida de qualquer discussão cristã sobre ecologia deve ser o conceito bíblico de Deus como Criador. De acordo com Gênesis 1, o universo como um todo, e em especial a terra, agraciada com o maravilhoso dom da vida, é obra das sábias e poderosas mãos de Deus.[1]

Por diversas vezes na Bíblia, observamos Deus utilizando a natureza a seu favor. Seja para operar milagres, para

---

[1]MATOS, Alderi Sousa de. *O gemido da criação: os cristãos e a questão ecológica* (São Paulo: 2011). Disponível em: http://www.mackenzie.br/7147.html.

CUIDADO COM A NATUREZA

exercer juízo sobre seus filhos ou mesmo para ensinar lições a respeito da salvação. O próprio Jesus, quando esteve aqui na terra, usou com abundância a natureza em suas explanações. Além disso, a maioria de suas parábolas apresenta algum elemento da natureza.

É importante lembrar que há uma íntima ligação entre os seres humanos e os elementos da natureza, pois é do pó da terra que o ser humano é criado. Como diz o professor Carlos Consolo: "Não é possível dissociar natureza de humanidade. Deus criou o homem a partir do pó da Terra, e ele está tão presente em nossas entranhas, que seria impossível dissociar homem e natureza".[2]

No final da história da redenção, teremos a completa redenção dos seres humanos, mas também presenciaremos a recriação da natureza perfeita um dia criada por Deus. Portanto, cuidar da natureza definitivamente é um assunto que interessa a Deus, e sua Palavra contém diversas referências diretas e indiretas a esse assunto. Sendo assim, vamos nos deter em algumas delas.

O INÍCIO DE TUDO

Quando a Trindade decidiu criar a Terra, planejou cada detalhe do novo planeta a ser formado. Deus pensou em cada pequeno ser que seria criado, pois todos eles dariam condições de vida para a obra mais importante da criação: os seres humanos. Desde a estrutura atômica até as maiores

---

[2]CONSOLO, Caetano Carlos. *O meio ambiente numa perspectiva bíblica* (São Paulo: Scortecci, 2008).

COSMOVISÃO cristã

estruturas da natureza, tudo foi minuciosamente formado pela vontade de Deus.

Depois de criar o ser humano — Adão e Eva —, Deus lhes deu o primeiro presente: "Então Deus os abençoou e lhes disse: 'Sejam férteis e multipliquem-se! Encham e subjuguem a terra! Dominem sobre os peixes do mar, sobre as aves do céu e sobre todos os animais que se movem pela terra'" (Gênesis 1:28).

O domínio da natureza foi o primeiro presente e a primeira responsabilidade que o ser humano recebeu, e esse domínio certamente não tem a ver com o caráter predatório que nos últimos tempos tem marcado a relação entre a humanidade e a natureza. Deus entregou a natureza para o homem com o propósito de que ele cuidasse dela, e providenciou a capacidade necessária para isso. Como escreve Carlos Consolo:

> O homem foi provido de sabedoria pelo criador e pode ter o controle da situação em suas mãos. Deus é um Deus de amor e nos permite escolher. Ele não é um Deus como muitos tentaram pintar, um Deus severo, implacável.
> O problema não está no Criador, mas na criatura.[3]

Quando o ser humano percebe esses detalhes do ato criativo de Deus, fica maravilhado com o poder e a infinita sabedoria do soberano do universo. Cada mínima partícula estava no planejamento de Deus ao criar tudo na terra. Como já mencionei, o Criador preparou para os seres

---

[3]Idem, p. 18.

CUIDADO COM A NATUREZA

humanos, que são o centro da criação, uma casa em meio às árvores e aos animais. Este é o primeiro ecossistema de que se tem notícia na história da humanidade. O autor de Gênesis o descreve com riqueza de detalhes:

> Ora, o SENHOR Deus tinha plantado um jardim no Éden, para os lados do leste; e ali colocou o homem que formara. O SENHOR Deus fez nascer então do solo todo tipo de árvores agradáveis aos olhos e boas para alimento. E no meio do jardim estavam a árvore da vida e a árvore do conhecimento do bem e do mal. No Éden nascia um rio que irrigava o jardim, e depois se dividia em quatro. O nome do primeiro é Pisom. Ele percorre toda a terra de Havilá, onde existe ouro. O ouro daquela terra é excelente; lá também existem o bdélio e a pedra de ônix. O segundo, que percorre toda a terra de Cuxe, é o Giom. O terceiro, que corre pelo lado leste da Assíria, é o Tigre. E o quarto rio é o Eufrates. O SENHOR Deus colocou o homem no jardim do Éden para cuidar dele e cultivá-lo. E o SENHOR Deus ordenou ao homem: "Coma livremente de qualquer árvore do jardim, mas não coma da árvore do conhecimento do bem e do mal, porque no dia em que dela comer, certamente você morrerá" (Gênesis 2:8-17).

Esse é um aspecto a respeito do qual vale a pena pensar. A primeira casa do ser humano foi um jardim. Por que Deus não construiu uma casa de ouro com portas de rubis? Por que ele não construiu um palácio todo de mármore branco com janelas de diamantes e portas de cristais coloridos? Deus queria que o ser humano tivesse um

COSMOVISÃO cristã

íntimo relacionamento com a natureza, por isso o colocou para morar em um jardim. Inclusive, a alimentação do ser humano deveria vir exclusivamente da flora, e esse era o plano ideal para o indivíduo. Toda a natureza foi feita para servir à humanidade, mas, infelizmente,

> O homem de hoje perdeu esta noção de que é o centro da criação de Deus. Todo esse complexo de natureza gira em torno do ser humano e existe para servi-lo. O ser humano não tem dado valor a isso. Então, agride o seu ambiente, eliminando os seus próprios recursos de vida.[4]

O primeiro trabalho dado ao homem foi cuidar da natureza e cultivar o solo — o próprio Deus deu essa atribuição ao homem: "O SENHOR Deus colocou o homem no jardim do Éden para cuidar dele e cultivá-lo" (Gênesis 2:15). Não existia uma necessidade urgente de que a natureza fosse cuidada para que pudesse subsistir. Tudo era perfeito — não havia predadores ou pragas que prejudicariam a natureza. O ato de cuidar da natureza foi uma bênção dada ao ser humano.

> No ambiente em que vivia o santo par havia uma lição para todos os tempos, a lição de que a verdadeira felicidade é encontrada não na satisfação do orgulho e luxo, mas na comunhão com Deus mediante Suas obras criadas. Se os homens dessem menos atenção às coisas artificiais, e cultivassem maior simplicidade, estariam em muito melhores condições

---

[4]FERREIRA, Damy. *Ecologia na Bíblia* (Rio de Janeiro: JUERP, 1992), p. 62.

CUIDADO COM A NATUREZA

de corresponderem com o propósito de Deus em Sua criação. O orgulho e a ambição nunca se satisfazem; aqueles, porém, que são verdadeiramente sábios encontrarão um prazer real e enobrecedor nas fontes de alegria que Deus colocou ao alcance de todos.[5]

A alegria original do ser humano não está nas grandes construções da arquitetura ou nos arranha-céus. A natureza humana original não se satisfazia em ter casas, apartamentos e carros. A natureza do ser humano encontrava verdadeira satisfação quando entrava em contato com as árvores, as flores, os animais — enfim, com a criação em sua forma original. Não será por isso que, quando o ser humano quer descansar, frequentemente lembra-se de ir ao campo ou à praia, a fim de ficar em contato com a natureza?

Os animais foram os primeiros companheiros do ser humano, e os nomes de todos eles saíram da incrível capacidade mental do homem. "Depois que formou da terra todos os animais do campo e todas as aves do céu, o SENHOR Deus os trouxe ao homem para ver como este lhes chamaria; e o nome que o homem desse a cada ser vivo, esse seria o seu nome" (Gênesis 2:19).

Para os antigos semitas, o nome não era algo meramente exterior, e sim uma parte constitutiva da pessoa ou da coisa nomeada. Sendo assim, dar ou mudar um nome era uma forma de afirmar autoridade ou domínio sobre algo ou alguém, e foi essa a posição em que Deus colocou o ser humano: este deveria dominar a natureza e cuidar dela.

---

[5] WHITE, 2007. p. 21.

COSMOVISÃO cristã

O ser humano, antes do pecado, sabia exatamente que o domínio sobre a natureza não era um domínio predatório. Pelo contrário, embora dominasse a natureza, ele vivia numa perfeita harmonia com todos os elementos naturais. Foi a entrada do pecado que fez com que aquele ambiente perfeito entrasse em declínio. O pecado afastou o ser humano de Deus e também o afastou da natureza que o servia. No Éden, existia harmonia perfeita entre Deus-homem-natureza.

> Eis a razão por que o homem não está se dando bem com a ecologia. Quanto mais ele se afasta de Deus, mais problemático e difícil fica o seu meio ambiente. Daí, devemos compreender, desde já, que o nosso problema de relacionamento com a natureza provém, em grande parte, do nosso relacionamento com Deus.[6]

Aquela perfeita harmonia do Éden foi quebrada como consequência da escolha pecaminosa do ser humano. Na verdade, o problema ecológico só será completamente resolvido quando o problema do pecado for completamente resolvido.

A NATUREZA NA BÍBLIA

Na Bíblia, podemos encontrar diversas referências a temas que dizem respeito à natureza. Veremos alguns deles a seguir.

Em Êxodo 34:26, há uma recomendação para não sacrificar filhotes: "[...] Não cozinhe o cabrito no leite da própria

---

[6]FERREIRA, 1992. p. 64.

CUIDADO COM A NATUREZA

mãe". Essa recomendação bíblica se parece muito com o que se conhece hoje por "defeso", que é o período de proibição de caça a determinados animais por estarem em época de reprodução e crescimento.

Outro tema que se encontra na Bíblia é o descanso periódico da terra. Em Êxodo 23:10-11, Levítico 25:1-7 e Levítico 25:20-22, Deus recomenda que, no sétimo ano, a terra descanse, pois esse descanso faz com que aquela área plantada volte ao seu equilíbrio natural.

O grande Deus do universo preocupa-se com a fauna que ele próprio criou, e isso fica evidente quando lemos suas palavras dirigidas ao profeta Jonas depois de ter perdoado a cidade de Nínive: "Contudo, Nínive tem mais de 120 mil pessoas que não sabem nem distinguir a mão direita da esquerda, além de muitos rebanhos. Não deveria eu ter pena dessa grande cidade?" (Jonas 4:11). Por qual motivo Deus menciona o gado nesse versículo? Pode-se inferir que Deus ficaria triste com a destruição do povo de Nínive, mas também com a destruição dos animais que viviam naquela região.

O mesmo Deus deve ficar muito triste quando, hoje, os seres humanos tratam os animais de maneira tão cruel. Isso fica evidente quando lemos o que Deus deixou registrado por meio de Salomão em Provérbios 12:10: "O justo olha pela vida dos seus animais; porém as entranhas dos ímpios são cruéis". Ellen White relaciona este texto ao episódio em que Balaão espanca sua mula; ela afirma:

> Poucos se compenetram, quanto deveriam, da pecaminosidade de maltratar os animais, ou

COSMOVISÃO cristã

deixá-los sofrer pela negligência. Aquele que criou o homem fez os animais irracionais também, "e as Suas misericórdias são sobre todas as Suas obras" (Salmo 145:9). Os animais foram criados para servirem ao homem, mas este não tem direito de causar-lhes dor com tratamento rude, ou cruel exigência.[7]

Essa advertência deveria ser um texto de meditação para os criadores de animais, seja o animal doméstico, seja o animal que trabalha com cargas. Jesus mesmo afirmou que Deus cuida dos animais, usando como exemplo os pequenos pássaros: "Observem as aves do céu: não semeiam nem colhem nem armazenam em celeiros; contudo, o Pai celestial as alimenta. Não têm vocês muito mais valor do que elas?" (Mateus 6:26). Seguindo o exemplo do Mestre, devemos também cuidar do meio ambiente.

Embora a preocupação com as questões da natureza seja necessária, o ser humano não deve se colocar numa posição de veneração pelas coisas da natureza. O único ser que deve ser louvado e adorado é Deus.

A natureza sempre esteve ativamente presente nos episódios bíblicos, e o próprio lugar que Deus escolheu para Jesus nascer mostra seu bom gosto e sua relação com a natureza:

> O perfil das colinas em toda parte é tão singular, puro e delicado, que parece desenhado por mão de artista; existe ali uma perfeição somente comparada à de

---

[7]WHITE, 2007. p. 324.

CUIDADO COM A NATUREZA

Atenas. Onde quer que seja, a relação de planos, as distâncias remotas imprimem uma harmonia secreta sobre a mente e a fazem voltar-se para a eternidade. Sob o céu azul profundo as cores fulgem com extraordinária riqueza — o vermelho da terra dos vinhedos, o verde delicado das hortas, o ouro pálido da cevada madura, o amarelo-tostado do deserto; e sob o sol todas essas cores contrastantes se fundem num só brilho quente, e na sombra nos tons violeta do bronze. E para tornar ainda mais evidente a harmonia, aqui e ali grupos de ciprestes escuros se integram na paisagem; ou, de repente, a superfície trêmula dos olivais ressalta em azul.[8]

Nesse lindo lugar, de acordo com a descrição, foi que Jesus exerceu seu ministério terrestre. Durante os três anos e meio que Jesus esteve aqui na terra como homem, ele usou muitas vezes a natureza pala ilustrar seus sermões.

Não é necessário procurar muito para encontrar exemplos: basta pensar nas parábolas que Jesus contou. Para simbolizar a união do ser humano com Deus, Jesus usou a videira (João 15). Quando ele quis falar da posição do ser humano em relação a ele, trouxe a comparação com uma ovelha (João 10). Quando falou da fé, comparou-a com um grão de mostarda (Lucas 13:18). Quando quis mostrar a condição dos judeus, usou a figura de uma figueira estéril (Lucas 13:6). Quando quis alertar a humanidade a respeito da sua segunda vinda, falou de sinais na natureza (Mateus 24). Poderíamos destacar

---

[8]DANIEl-ROPS, Henri. A *vida diária nos tempos de Jesus*, 3.ed. (São Paulo: Vida Nova, 2008), p. 15.

217

COSMOVISÃO cristã

ainda as vezes em que Jesus usou o refúgio da natureza para ter seus momentos de comunhão com o Pai.

Esses são apenas alguns exemplos de como Jesus pensava na natureza e a utilizava para o seu benefício, para passar seus ensinos às pessoas ao seu redor. White corrobora o pensamento bíblico de que a natureza deve ser preservada e desfrutada pelo ser humano ao dizer que:

> O contato constante com o mistério da vida e o encanto da natureza, bem como a ternura suscitada com o servir a estas belas coisas da criação de Deus, propendem a despertar o espírito, purificar e elevar o caráter; e as lições ensinadas preparam o obreiro para tratar com mais êxito com outras mentes.[9]

Até na compreensão dos textos da Bíblia o contato respeitoso com a natureza é benéfico. White escreveu que:

> Muitas ilustrações da natureza são empregadas pelos escritores da Bíblia; e, observando nós as coisas do mundo natural, habilitamo-nos, sob a guia do Espírito Santo, para compreender mais amplamente as lições da Palavra de Deus. É assim que a natureza se torna uma chave do tesouro da Palavra.[10]

É, portanto, muito clara a importância que Deus atribuiu à natureza em todos os seus escritos inspirados. Não há

---

[9]WHITE, 1977, p. 112.
[10]WHITE, 1977, p. 120.

dúvidas de que é vontade dele que o ser humano cuide de forma muito estrita do meio ambiente que ele mesmo deu.

O CRISTÃO E SUA RESPONSABILIDADE COM A NATUREZA

Diante da exposição a respeito da relação entre Deus e sua natureza criada, é natural perceber que cada cristão, enquanto imitador de Cristo, tem a responsabilidade maximizada com relação aos cuidados com o meio ambiente.

No meio cristão, os assuntos éticos são sempre mencionados. Fala-se da ética nos relacionamentos interpessoais, nos relacionamentos de trabalho, no relacionamento com o próprio Deus, mas muitas vezes é negligenciada a ética com relação ao meio ambiente. Nesse sentido, Almeida pondera:

> O ser responsável como o que responde legal ou moralmente pela vida e bem-estar de alguém é aquele que tem capacidade de entendimento ético e determinação da vontade para realizar o que é correto. O cristão deve sair da ignorância a respeito de seu papel no ecossistema. Na criação do universo Deus age sozinho, e na conservação, os homens agem com Ele, cooperando para a própria duração mediante a sua tendência a conservar o próprio ser.[11]

---

[11]ALMEIDA, Marcos de. *A crise ecológica e a responsabilidade social da igreja cristã*. Disponível em: http://www.ejesus.com.br/missoes/a-crise-ecolo gica-e-a-responsabilidade-social-da-igreja-crista/.

COSMOVISÃO cristã

Deveria ser natural a preocupação humana com a crise do meio ambiente, pois são os seres humanos os principais responsáveis por ela. Todavia, o consumismo indiscriminado da humanidade tem levado o mundo a uma situação difícil de ser revertida.

Com isso, cria-se um círculo vicioso difícil de romper. O caso mais preocupante, segundo Matos,[12] é a contínua diminuição das reservas de água potável em âmbito mundial. Muitas violações do equilíbrio ambiental têm origens bem pouco defensáveis: ganância, insensibilidade, falta de espírito coletivo, desrespeito às leis — todos esses são problemas estritamente humanos.

Almeida destaca o preocupante problema da água em nosso planeta ao afirmar que as reservas de água doce ocupam apenas 2% da superfície terrestre e estão concentradas principalmente no gelo das calotas polares e nos lençóis subterrâneos. Seus principais agentes poluidores são agrotóxicos usados na lavoura, detergentes e sabões em pó, lixo industrial e urbano, e metais pesados, como chumbo, cádmio, arsênio e mercúrio, utilizados na indústria e na mineração.[13]

Continuando sua linha de argumentação, o autor aponta que, nos grandes centros urbanos, esgotos e lixo orgânico são lançados sem tratamento nos rios e acabam com toda flora e fauna aquáticas. Ele explica que a matéria orgânica dissolvida alimenta inúmeros microrganismos que, para metabolizá-la, consomem o oxigênio das águas.

---

[12]MATOS, 2011, p. 7

[13]ALMEIDA, Marcos de. *A crise ecológica e a responsabilidade social da igreja cristã*. Disponível em: http://www.ejesus.com.br/missoes/a-crise-ecologica-e-a-responsabilidade-social-da-igreja-crista/.

CUIDADO COM A NATUREZA

Cada litro de esgoto consome de 200 a 300 miligramas de oxigênio, o equivalente a 22 litros de água. Se a carga de esgoto for superior à capacidade de absorção das águas, o oxigênio desaparece, interrompendo a cadeia alimentar e provocando a morte da fauna. Isso ocorre com frequência em várias regiões do Brasil: por exemplo, na lagoa Rodrigo de Freitas, no Rio de Janeiro, ou na represa Billings, em São Paulo.[14]

A água potável é um bem essencial para a vida humana. Ela é tão fundamental, que já se fazia presente na terra antes mesmo da semana da criação. Quando Deus criou a massa na qual criaria toda biodiversidade existente, criou também a água. Assim, nota Consolo:

> Se observarmos as obras da criação em Gênesis, perceberemos que a água é o único bem de valor inestimável que não está contida na criação dos céus e da Terra e de tudo o que neles há. Por que será? "No princípio criou Deus os céus e a Terra. A Terra, porém, era sem forma e vazia, havia trevas sobre a face do abismo, e o Espírito de Deus pairava sobre as águas". Neste caso, as águas estão presentes antes mesmo da criação da Terra?[15]

É importante salientar que o autor não está considerando que Deus criou também a massa sem forma e vazia; porém, isso não diminui a validade de sua argumentação.

---

[14]ALMEIDA, Marcos de. *A crise ecológica e a responsabilidade social da igreja cristã.*

[15]CONSOLO, 2010, p. 53.

COSMOVISÃO cristã

Outra área na qual as ações humanas estão pondo em risco o delicado equilíbrio da natureza é a alimentação. Sem dúvida, alimentar-se é uma necessidade primária do ser humano, mas, dependendo das escolhas alimentares que os seres humanos fizerem, contribuirão mais para a degradação da natureza.

O jornal *Gazeta online* apresentou, em junho de 2010, dados alarmantes a respeito do consumo de carne bovina e seu impacto sobre a degradação do meio ambiente. Segundo a matéria,

> O uso de combustíveis fósseis e a agricultura são as atividades que causam maior impacto ambiental no mundo todo, segundo um estudo do Programa das Nações Unidas para o Meio Ambiente (Pnuma). Como forma de atenuar esse impacto, a pesquisa recomenda uma mudança radical da dieta alimentar da população.[16]

O jornal traz ainda dados preocupantes sobre a produção de alimentos no planeta. Segundo a matéria, a produção agrícola representa 70% do consumo de água doce e 38% do uso total do território. A produção de alimentos é responsável por 19% das emissões mundiais de gases do efeito estufa, 60% da contaminação com fósforo e nitrogênio e 30% da contaminação tóxica na Europa. A necessidade de pastos é cada vez maior para poder alimentar toda

---

[16]"Pecuária: uma das maiores responsáveis pela crise do meio ambiente". Disponível em: http://gazetaonline.globo.com/conteudo/2010/06/645830-agricultura+e+uma+das+maiores+responsaveis+por+impactos+ambientais+no+mundo.html.

CUIDADO COM A NATUREZA

a população bovina existente; para criar mais pastos, são feitos novos desmatamentos e queimadas a cada dia. Sem contar que o consumo *per capita* de carne tem aumentado significativamente. Na China, por exemplo, aumentou 42% entre 1995 e 2003. Nesse país, se consomem 70 quilos de carne por pessoa ao ano. Nos Estados Unidos, o número sobe para 120 quilos.[17]

Diminuir o consumo de carne no planeta seria uma das formas de diminuir o sofrimento do meio ambiente, e isso passa diretamente pelas escolhas alimentares humanas. Caso o ser humano estivesse mais próximo da dieta original de Deus, certamente estaria poluindo menos o planeta e, consequentemente, aumentando sua própria qualidade de vida.

White adverte que

Cereais, frutas, nozes e verduras constituem o regime dietético escolhido por nosso Criador. Estes alimentos, preparados da maneira mais simples e natural possível, são os mais saudáveis e nutritivos. Proporcionam uma força, uma resistência e vigor intelectual que não são promovidos por uma alimentação mais complexa e estimulante.[18]

Ela completa:

Os que se alimentam de carne não estão senão comendo cereais e verduras em segunda mão; pois o animal

---

[17]Idem.
[18]WHITE, 2004, p. 296.

COSMOVISÃO cristã

> recebe destas coisas a nutrição que dá o crescimento.
> A vida que se achava no cereal e na verdura passa
> ao que os ingere. Nós a recebemos comendo a carne
> do animal. Quão melhor seria obtê-la diretamente,
> comendo aquilo que Deus proveu para nosso uso![19]

Além de contribuir para a saúde individual de cada ser humano, uma dieta vegetariana contribuiria para a melhora da saúde do planeta também, pois, quanto menos carne for produzida, menor será a necessidade de pastos, de água para o processo e outros. Tudo isso ajudaria a melhorar a situação do meio ambiente.

Os exemplos do consumo de carne e do descarte do lixo apresentados anteriormente, são apenas pequenas amostras de como mudanças na mentalidade humana poderiam trazer um grande benefício para diminuir os impactos ambientais que o planeta vem sofrendo. Nesse contexto, os cristãos deveriam ser os primeiros a se posicionar em favor da melhoria do meio ambiente, de tal forma que servissem de exemplo aos que o destroem.

HÁ UMA RESPONSABILIDADE

Diante de tudo o que já foi descrito até agora, não restam dúvidas de que é dever de todo cristão cuidar da natureza criada por Deus. Se o próprio Deus dá tanta importância a esse tema, seus filhos deveriam dar muito mais.

---

[19]WHITE, 2004, p. 296.

CUIDADO COM A NATUREZA

É necessário ter consciência de que a cosmovisão cristã e criacionista é muito mais ampla do que simplesmente acreditar em um Deus criador, pois ser criacionista é também cuidar da criação de Deus; ou seja, é responsabilidade do cristão fazer o possível para preservar a natureza.

Muitas vezes, o egoísmo humano, com sua sede por consumir, tem destruído a natureza. As indústrias, por exemplo, poluem a natureza para satisfazer a insaciável "fome de ter" dos seres humanos. É uma responsabilidade de todo cristão reciclar, economizar água, escolher transportes menos poluentes etc., e a igreja deve promover atividades de conscientização com relação ao cuidado com o meio ambiente, pois tais atividades também são atribuições das instituições religiosas.

Alguns pensam que, porque a escatologia anuncia o iminente fim do planeta, não devem cuidar dele, mas é fácil perceber que esse não é um argumento válido. Para esclarecer esse conceito, podemos fazer a seguinte comparação: todos sabem que um dia morrerão, isso é natural, porém, mesmo cientes desse fato, muitos fazem exercícios físicos, alimentam-se bem, tomam remédios quando estão doentes — enfim, cuidam do corpo para que, enquanto estiverem vivos, tenham a melhor qualidade de vida possível. Assim também funciona com o cuidado com o planeta: mesmo sabendo que o seu final é certo, é preciso cuidar dele para que, enquanto o ser humano estiver aqui, tenha a melhor qualidade de vida possível.

CAPÍTULO 14

SOFRIMENTO

Algumas pessoas acham que a questão do sofrimento humano é uma arma letal contra a existência de um Deus onipotente, todo-amoroso e todo-sábio. Contudo, basta pensar com um pouco de calma para perceber que não é bem assim. O sofrimento humano tem uma explicação lógica, e a figura de Deus continua tão forte quanto sempre, mesmo com essa questão filosófica complicada. É a respeito disso que eu o convido a refletir neste capítulo, sempre tendo por base a ótica cristã.

O ATEÍSMO E O SOFRIMENTO

O ateísmo tem crescido de maneira relativamente rápida em nossos dias, e isso se dá especialmente nos meios acadêmicos. Dentre os argumentos usados por esse grupo está a questão do sofrimento humano, que muitos querem usar como uma arma letal contra Deus. Alguns chegam a pensar que esse argumento será suficiente para a sua empreitada de demonstrar que não existe um Deus. Felizmente, já está mais que comprovado que esse e outros argumentos não são capazes de enterrar Deus.[1]

Existe uma parcela significativa, porém não tão grande quanto se pensa, de cientistas e intelectuais que defendem que a ideia de um Deus criador e mantenedor está ultrapassada. No entanto, basta uma pesquisa rápida para encontrarmos grandes mentes da ciência atual que são cristãs,[2]

---

[1]A esse respeito, recomendo o livro *Por que a ciência não consegue enterrar Deus?*, de John Lennox, professor de Oxford (Mundo Cristão, 2016).

[2]Antony Flew, Josh MacDowell, C. S. Lewis, Alister McGrath e muito outros compõem essa grande lista.

SOFRIMENTO

apesar de toda a militância ateia do planeta. O fato é que "muitos cientistas não se sentem nada satisfeitos com essa militância, sem mencionar os traços repressores, até totalitários dessas visões".[3] Muitas vezes, a visão ateísta é apenas imposta com um "tom" científico, e alguns ateus querem dar um tom tão intelectual às suas crenças, que, ao afirmarem "sou ateu", têm a impressão de que ganharam o título de mestrado e doutorado instantaneamente, só por não crerem em Deus.

Não é nosso foco defender a existência da Deus, mas é sempre importante deixar claro que existem evidências suficientes para crermos em Deus como nosso criador e mantenedor. Outra coisa importante de relembrarmos é que todas as pessoas creem em alguma coisa. Como Phillip Johnson disse: "Aquele que afirma ser cético com relação a um conjunto específico de crenças é, na verdade, um verdadeiro crente em outro conjunto de crenças".[4] A fé é um elemento presente em todas as pessoas.

O problema do sofrimento não é um atestado de óbito de Deus — aliás, nem chega perto disso —, porém ninguém em sã consciência pode negar que o mal existe em nosso planeta, nem que, quando nos deparamos com ele, nossa fé em Deus é testada.

Há algum tempo, vivi uma semana com sentimentos diametralmente opostos. Eu estava pregando na Igreja Adventista Central de Blumenau, em Santa Catarina. Essa

---

[3]LENNOX, John C. *Por que a ciência não consegue enterrar Deus?* (São Paulo: Mundo Cristão, 2016), p. 20.

[4]Phillip E. Johnson, citado por Norman Geisler em *Não Tenho fé suficiente para ser ateu* (São Paulo: Vida, 2006) p. 17.

COSMOVISÃO cristã

é uma cidade que eu amo (morei lá por algum tempo), e aquela igreja marcou o início do meu ministério de tal forma, que eu e minha esposa a estimamos muito, e seus membros são pessoas muito caras para nós. Os temas das minhas pregações estavam voltados para a Páscoa, pois estávamos na Semana Santa de 2015. Era um período de alegria por estarmos com pessoas que eu amava e falando do grande amor de Jesus pelo ser humano.

Simultaneamente a toda essa alegria, vivi momentos bem tristes naquela semana. Logo na segunda-feira fui convidado por um membro da igreja para dirigir uma cerimônia fúnebre. A morte já é um acontecimento trágico em si, mas, quando chega cedo, ela se torna ainda mais cruel. O funeral era de uma jovem senhora de 37 anos que lutava contra um câncer havia algum tempo e que, na semana anterior, havia piorado muito. No domingo, ela sentiu fortes dores e foi ao hospital para tentar aliviá-las. Algumas horas depois, não resistiu e faleceu. Jovem e cheia de planos pela frente. Como entender? Era possível ver nos olhos do marido a angústia de não compreender o que estava acontecendo.

No dia seguinte, terça-feira, recebi uma ligação que trazia uma informação muito triste. Um dos professores do internato onde era pastor estava sofrendo havia algum tempo com sua esposa doente. Eles já tinham feito alguns exames, mas não conseguiram descobrir a causa. Ela perdia peso, sentia fortes dores, mas ainda não tinha um diagnóstico definitivo. Naquele dia, eles receberam um boletim médico que ninguém gostaria de receber: câncer em estado de metástase. A doença já estava alocada em dois órgãos de seu corpo, e a situação era extremamente preocupante.

SOFRIMENTO

O chão desse professor desapareceu, e todos nós ficamos muito tristes com aquela notícia.

Apenas fazendo um parêntese: enquanto eles lutavam contra a doença, nós orávamos e torcíamos por um milagre. Algum tempo depois, a situação do professor e de sua família piorou, e o diagnóstico que ninguém queria ouvir foi pronunciado: o médico disse a ele que a situação de sua esposa era irreversível para a medicina. Não havia mais nada a fazer — sua esposa morreria. Aquele professor olhou em meus olhos e, com uma fé incompreensível à mente humana, disse: "Os médicos não podem fazer mais nada, mas o meu Deus tem poder de curar minha esposa".

Esse é um momento muito difícil para um pastor. Conheço a Deus e sei que ele tem todo o poder de curar; por outro lado, também sei que os planos de Deus podem ser diferentes dos nossos, pois ele vê além de nós. Não tirei a esperança daquele homem, mas tive o cuidado de não a alimentar em demasia, porque, nessas horas, é mais importante confiar na soberania de Deus e reafirmar a fé que temos de que, independentemente do que acontecer, ele está no controle e fará o melhor.

Mas voltemos para a semana cheia de notícias ruins. No dia seguinte, quarta-feira, momentos antes de começar o culto daquela noite, recebi a notícia de que um irmão idoso da igreja que vinha lutando contra algumas doenças havia alguns anos faleceu naquela tarde, e a família dele, naturalmente, não foi ao culto à noite. Quando a programação terminou, peguei a minha esposa, que acabara de chegar para ficar o restante da semana comigo, e fomos até a capela do cemitério onde a família estava velando o corpo.

COSMOVISÃO cristã

Apesar de o clima ser completamente diferente do primeiro velório daquela semana, pois era o velório de um fiel servo de Deus que morreu em Cristo, a tristeza obviamente era muito grande. Filhos e netos lamentavam a perda do seu ente muito querido. A morte jamais será algo natural para nós, e, mesmo sabendo que ela é apenas um sono e que aqueles que morreram em Cristo têm a esperança da ressurreição, nunca conseguiremos encará-la com naturalidade.

O motivo é muito simples: não fomos criados para morrer. Sobre a nossa recusa em aceitar a morte, existe um texto que nos ajuda a entender esse fato. As Escrituras dizem: "Ele fez tudo apropriado a seu tempo. Também pôs no coração do homem o anseio pela eternidade; mesmo assim este não consegue compreender inteiramente o que Deus fez" (Eclesiastes 3:11). Esse texto nos mostra que temos uma vontade, colocada por Deus em nosso coração, de ser eternos, por isso a morte é tão incômoda.

Aquela não foi uma semana atípica no planeta Terra. Todos os dias, em algum lugar do mundo, pessoas morrem, adoecem, sofrem acidentes etc. O sofrimento é uma marca da nossa existência, e isso às vezes dá um nó em nossa cabeça. Quase que imperceptivelmente nos perguntamos: onde está Deus? Por que ele não faz alguma coisa para evitar o sofrimento pelo menos das pessoas boas? Mesmo na mente de cristãos sinceros surgem perguntas que são duras de serem admitidas. Você nunca se perguntou (mesmo que não tenha dito a ninguém): se Deus realmente existe, onde ele está quando um menino é arrastado do lado de fora do carro, preso ao cinto de segurança, enquanto dois marginais roubam o carro de sua mãe? Essas são questões importantes a serem trabalhadas.

Devemos, no entanto, em meio às perguntas que fazemos quando nos deparamos com o sofrimento, dar atenção a um fato no mínimo curioso. Quando um cristão se depara com o mal, automaticamente a sua mente é levada para Deus em busca de respostas ou consolo. Quando um ateu se depara com o mal, frequentemente a sua mente também se volta para Deus com o objetivo de acusá-lo ou de "provar" que ele não existe. O que considero curioso é o fato de que tanto cristãos como ateus têm uma atitude semelhante: dirigir os pensamentos a Deus quando se deparam com o sofrimento. O que me parece é que "não conhecemos um lugar melhor para onde levar nossas perguntas e nossa dor".[5]

A dúvida não é má em si. O problema é quando apenas alimentamos a dúvida e não buscamos respostas. É verdade que, para algumas questões, simplesmente não temos respostas definitivas; porém, podemos buscar respostas parciais que nos ajudem a esperar pelo dia da volta de Jesus, quando todas as nossas questões serão definitivamente respondidas.

O PROBLEMA DO SOFRIMENTO

Passo agora a um campo de discussão muito delicado e no qual muitas mentes brilhantes já se aventuraram. O sofrimento ou o mal (como queira) é um assunto muito

---

[5]YANCEY, Philip. *Para que serve Deus* (São Paulo: Mundo Cristão, 2010), p. 29.

COSMOVISÃO cristã

complexo do ponto de vista da teologia e tem sido a arma de muitos céticos contra o cristianismo.

Contudo, não é uma questão insolúvel. As mentes brilhantes que se debruçaram sobre o assunto trouxeram muita luz sobre ele, e podemos chegar a conclusões satisfatórias sobre o tema.

Não tenho a pretensão de esgotar o assunto, pois isso seria humanamente impossível, mesmo que muitos tomos fossem escritos. Também não quero, com as ideias expostas aqui, invadir a privacidade de ninguém e dizer: pare de chorar e vá entender o problema do mal — aliás, isso seria loucura. Se você está sofrendo agora, não se envergonhe de chorar, e saiba que o coração humano, por mais consagrado que seja, vai sofrer, vai chorar. Basta olharmos para Jó. Deus falou que não existia ninguém na terra tão consagrado quanto ele, mas, mesmo assim, houve muita lamentação e choro da parte de Jó quando ele enfrentou toda a sua angústia. Não se envergonhe de chorar; isso faz parte da solução parcial de Deus para aliviar as dores humanas. Se precisar, chore.

Ditas essas coisas, acredito que podemos partir para algumas ideias importantes a respeito do mal. A primeira coisa que precisamos fazer é buscar sua origem, isto é, entender como e onde todas essas desgraças que acontecem em nosso planeta começaram, pois essa compreensão é básica para a nossa discussão.

DE ONDE VEIO O MAL?

Deus criou o planeta Terra completamente bom. Não existia uma partícula de mal em lugar algum do planeta; porém,

SOFRIMENTO

o mal já havia aparecido em outro lugar do universo, no coração de um anjo no céu. Lúcifer, um dos anjos mais respeitados das hostes celestes, o líder dos anjos, deixou que o mal nascesse em seu coração.

Os anjos, assim como os humanos, também tinham sido criados perfeitos, sem nenhuma tendência para a maldade. É por esse motivo que a Bíblia classifica o surgimento do mal no coração de um anjo perfeito como o mistério da iniquidade (cf. 2Tessalonicenses 2:7).

A Bíblia descreve, em linhas gerais, o que deu início ao processo do pecado no coração de Lúcifer. Ele começou a pensar assim: "Subirei aos céus; erguerei o meu trono acima das estrelas de Deus; eu me assentarei no monte da assembleia, no ponto mais elevado do monte santo. Subirei mais alto que as mais altas nuvens; serei como o Altíssimo" (Isaías 14:13-14). A vaidade, a inveja e a soberba são as mães do pecado, e elas destruíram a harmonia de todo o universo ao invadirem o coração daquele anjo. "Agostinho via a soberba como o mesmo sentimento que levou Satanás a se afastar de Deus."[6]

Recapitulando, podemos afirmar que:

- Deus criou seres 100% bons, tanto anjos quanto homens.
- Deus criou um universo 100% bom.
- Deus criou um planeta (Terra) 100% bom.

Diante dessas afirmações, podemos nos perguntar: como em um ambiente perfeito pôde surgir o mal? A resposta

---

[6]TOMLIN, Graham. *Os sete pecados capitais:* você pode vencê-los (Rio de Janeiro: Thomas Nelson Brasil, 2008), p. 33.

COSMOVISÃO cristã

está na próxima informação, que é a mais importante para a nossa discussão do momento: Deus criou seres 100% livres. Aqui mora a explicação para compreendermos (embora ainda de maneira parcial) como o mal surgiu no coração de seres puros.

O governo de Deus sempre foi e sempre será baseado na liberdade das suas criaturas; contudo, liberdade só pode existir quando há mais de uma opção para escolher. Imagine que um pai diga a seu filho: "Meu filho, você é livre para escolher o lugar onde quer passar as férias. As suas opções são: a casa da sua avó Maria ou a casa da sua avó Maria". O filho possivelmente daria um berro reclamando dessa liberdade em que só se tem uma opção para escolher, ou seja, uma falsa liberdade.

Assim é com Deus: se ele tivesse criado seres livres que não tivessem a opção de não ficar sob o seu governo, não teria criado seres realmente livres, uma vez que liberdade pressupõe opções de escolha.

Um dia um aluno me perguntou: pastor, se Deus sabia que Lúcifer iria pecar, porque não o destruiu antes, ou por que não deixou de criá-lo, ou, ainda, por que ele não criou seres que só pudessem escolher o bem? (Muito questionador esse aluno!) A resposta a todas essas perguntas é a mesma: se Deus tivesse feito qualquer coisa diferente do que fez, não poderíamos dizer que existia liberdade real na criação. Se Deus tivesse destruído Lúcifer antes do pecado, estaria evitando que uma criatura sua exercesse algo que ele mesmo deu: a liberdade. Se Deus não o tivesse criado, a possibilidade de outro anjo se rebelar seria a mesma. Se Deus tivesse criado seres programados

SOFRIMENTO

para só escolherem o bem, então ele não teria criado seres livres. Não há como Deus criar "seres programados para escolherem livremente o bem". Há uma impossibilidade lógica nesse pensamento.

> O fato de Deus ser todo-poderoso não significa que ele possa fazer impossibilidades lógicas, tais como fazer um quadrado redondo, ou fazer alguém escolher livremente tomar uma atitude. [...] Assim, Deus concede às pessoas uma liberdade genuína para escolher o que gostam, então, é impossível para ele determinar quais serão as escolhas delas.[7]

C. S. Lewis apresenta um argumento semelhante a esse. Ele defende que a onipotência divina não retira a sua inteligência e nem desfaz as leis e ordens que Deus mesmo estabeleceu.

> A sua onipotência significa poder para fazer tudo que é intrinsecamente possível, e não para fazer o que é intrinsecamente impossível. É possível atribuir-lhe milagres, mas não tolices. Isto não é um limite ao seu poder. Se disse: "Deus pode dar a uma criatura o livre-arbítrio e, ao mesmo tempo, negar-lhe o livre-arbítrio", não conseguiu dizer nada sobre Deus; combinações de palavras sem sentido não adquirem repentinamente

---

[7]CRAIG, Willian Lane. *Apologética para questões difíceis da vida* (São Paulo: Vida Nova, 2010), p. 90.

COSMOVISÃO cristã

sentido simplesmente porque acrescentamos a elas como prefixo dois outros termos: "Deus Pode".[8]

A liberdade completa e irrestrita dada por Deus é a única explicação (pelo menos aquela à qual temos acesso) para a origem do mal, e isso já nos leva a uma conclusão muito importante: não foi Deus quem criou o mal; portanto, não podemos responsabilizá-lo por isso. Pelo contrário, Deus não somente não é o responsável pelo mal, como ele é a solução definitiva para o mal. É assim que os cristãos creem. "O mundo é decaído. O mundo será redimido. Criação, Queda e redenção — esta, em resumo, é a história cristã."[9]

UMA QUESTÃO COMPLICADA

Já podemos perceber que não é algo simples a discussão sobre o mal. Há algumas questões bem complicadas, como a seguinte: "Se ele [Deus] quer evitar o mal, mas não é capaz de fazê-lo, então ele é impotente. Se ele é capaz, mas não quer evitá-lo, então ele é malévolo. Ora, se ele quer evitar o mal e é capaz de evitá-lo, então como se explica o mal?".[10]

Essa questão foi estabelecida como um nó filosófico para tentar diminuir a crença cristã na onipotência divina. Contudo, a existência do mal não abala em nada o poder contido em Deus. "Deus, o Senhor Onipotente, pode fazer qualquer coisa difícil com a mesma facilidade com que

---

[8]LEWIS, *O problema do sofrimento*, p. 34.

[9]YANCEY, *Para que serve Deus*, p. 34.

[10]HUME, David. *Dialogues concerning natural religion* (Indianápolis: Bobbs-Merril, 1980), parte 10, p. 198.

SOFRIMENTO

realiza as coisas mais simples, porque tem em suas mãos todo o poder do universo. Todos os seus atos são feitos sem esforço. Ele não desgasta a sua energia nem precisa recuperar forças, tampouco busca fora de si mesmo uma renovação de poder. Todo o poder está plenamente contido dentro do seu próprio ser infinito".[11]

No entanto, se Deus agisse sempre para evitar o mal nas pessoas, estaria violando uma lei que ele mesmo estabeleceu: o livre-arbítrio. O mal acontece porque as pessoas são livres para escolher, e Deus respeita as suas escolhas.

Então, alguém pode pensar: entendo que existe o livre-arbítrio e que o uso dele pelas pessoas causa o mal, mas por que Deus não cuida de evitar que o mau uso do livre-arbítrio cause mal às pessoas? Por que ele não age apenas nos excessos do livre-arbítrio?

C. S. Lewis nos ajuda a lidar com essa questão:

> Podemos, talvez, conceber um mundo em que Deus tenha corrigido os resultados deste abuso do livre-arbítrio pelas suas criaturas a cada momento: de maneira que uma viga de madeira se tornasse macia como grama se usada como arma, e o ar se recusasse a obedecer-me se tentasse utilizá-lo em ondas sonoras que transmitissem mentiras ou insultos. Num mundo assim, porém, os atos errados seriam impossíveis e, portanto, ficaria anulado o livre-arbítrio; se o princípio fosse levado à sua conclusão lógica, os maus pensamentos tornar-se-iam impossíveis, desde que a massa cerebral que usamos para pensar se recusaria a

---

[11]TOZER, A. W. *Mais perto de Deus* (Mundo Cristão, 2000), p. 83.

COSMOVISÃO cristã

fazê-lo quando tentássemos estruturá-la. Toda matéria nas proximidades de um homem perverso estaria sujeita a alterações imprevisíveis. A ideia de que Deus pode modificar, e realmente modifica, ocasionalmente, o comportamento da matéria produzindo o que chamamos de milagres faz parte da fé cristã; mas a própria concepção de um mundo comum e, portanto, estável exige que tais ocasiões sejam extremamente raras.[12]

Se Deus agisse todas as vezes para evitar que o mau uso do livre-arbítrio causasse dor aos seres humanos, estaria anulando a liberdade que ele mesmo deu. Algumas vezes, o sofrimento é consequência de uma escolha errada de quem sofre ou de outra pessoa. "Tente excluir a possibilidade do sofrimento que a ordem da natureza e a existência do livre-arbítrio envolvem, e descobrirá que excluiu a própria vida."[13]

O professor e escritor Graham Tomlin levanta uma questão muito interessante sobre o livre-arbítrio que pode parecer um contraponto ao que estamos falando até agora, mas, na verdade, complementa o nosso pensamento. Ele diz:

> Nossa vontade, nossa capacidade de escolha, não está totalmente livre de escolher exatamente o que ela quer fazer, mas tem a tendência de escolher a direção errada, uma inclinação que vem de uma época remota no passado do Homem.[14]

---

[12] *O problema do sofrimento*, p. 41.
[13] Idem, p. 42.
[14] *Os sete pecados*, p. 23.

SOFRIMENTO

Esse é um pensamento muito interessante. Algumas pessoas dizem que não precisam de um Deus as aprisionando em suas decisões e acham que, tomando a atitude de não estarem submetidas a uma divindade, são realmente livres. Elas se esquecem de que mesmo o livre-arbítrio foi abalado pela entrada do pecado no mundo e que temos uma tendência forte de sempre escolher as coisas erradas. Isso não quer dizer que estamos livres da responsabilidade de nossas escolhas, mas sim que precisamos ter muito cuidado para não ser influenciados pela nossa natureza carnal caída ao fazermos as nossas escolhas diariamente. Desse ponto de vista, ter a vida nas mãos de Deus nos ajuda a escolher sempre da melhor forma contudo, a escolha sempre é nossa.

Sei que essa análise do sofrimento sob a ótica do livre-arbítrio pode parecer fria e destituída de compaixão, mas não é. Entender essa lógica ligada à liberdade não alivia a dor de alguém que perdeu um ente querido tragicamente ou está sofrendo por ter sido prejudicado pela maldade de outra pessoa ou pela escolha errada de um parente. No entanto, é preciso compreender bem essa questão da liberdade, pois ela nos ajuda, pelo menos, a parar de atribuir a culpa do mal a Deus. Se os argumentos mencionados tiverem esse efeito sobre você, já teremos avançado bem em nossa conversa.

PERSPECTIVAS ACERCA DO SOFRIMENTO

Certa vez, fui chamado por um chefe no trabalho, para ser questionado por uma atitude que tomei. Ele parecia um pouco decepcionado comigo ao relatar a situação. Quando

COSMOVISÃO cristã

terminou de falar, pude relatar a situação do meu ponto de vista e, depois disso, foi perceptível a expressão de alívio em seu rosto. Ele estava vendo a situação por um prisma diferente e entendeu o que tinha realmente acontecido.

O ponto de vista é algo muito importante quando tratamos das questões humanas. Às vezes, um fato que parece escandaloso, quando visto de outra perspectiva, é entendido da maneira correta, e então a confusão se desfaz.

Ao lidarmos com o sofrimento humano, é muito importante que tenhamos a perspectiva certa com relação ao mal, principalmente quando estamos sofrendo esse mal. Quero, portanto, sugerir algumas perspectivas por meio das quais podemos encarar o mal, pois elas nos ajudarão a enfrentar estas situações.

Sofrimento como uma dor física

Enquanto escrevia parte deste livro, minha esposa estava grávida de oito meses. Dentro de algum tempo, poderíamos ver o rosto do nosso primeiro filho, Daniel. Ela sentiu algumas dores em decorrência da transformação pela qual seu corpo estava passando; dores necessárias para que pudéssemos ter a felicidade de segurar nosso filho no colo.

Logo quando o Daniel nasceu, tive de voluntariamente submetê-lo a alguns sofrimentos necessários para o bem dele. O famoso teste do pezinho foi um deles. Para tentar detectar algumas doenças com precocidade e, portanto, em tempo hábil para tratamento, tive de deixar alguém enfiar uma agulha no pé do meu filho e fazê-lo sangrar, mas isso foi necessário para o bem dele.

SOFRIMENTO

Lembro que, há alguns anos, uma amiga me contou um episódio muito engraçado, mas, ao mesmo tempo, muito significativo a respeito de seu filho de quatro anos. O país estava em campanha de vacinação, e todas as crianças deveriam ser levadas ao posto de saúde mais próximo para serem vacinadas.

O filho daquela amiga tinha muito medo de injeção; quando ele viu aquela agulha "enorme" na mão da enfermeira, agarrou-se na perna de seu pai e começou a chorar desesperadamente. O pai, meu amigo também, logo entregou o filho para a mãe e saiu de perto da cena, para não chorar junto com o filho (os homens são bem fracos nesse quesito). A mãe, então, falou para o filho que aquela dor que ele sentiria seria para o seu bem; ela agarrou firme o menino, para que a enfermeira aplicasse a injeção. Nessa hora, o filho da minha amiga disse uma frase muito engraçada, mas que me levou a pensar. Ele gritou: "Mãe, por que a senhora está sendo tão má comigo? Por que está deixando essa mulher me fazer tanto mal?".

A pergunta daquela criança fez muitas pessoas que estavam ao redor rirem, mas você já parou para pensar que nós muitas vezes fazemos a mesma pergunta para Deus? Sim, era verdade que a mãe estava permitindo um sofrimento para o filho, mas o menino tinha uma visão limitada sobre aquele sofrimento e não conseguia compreender que, no final das contas, seria um benefício para ele. Porém, a sua visão limitada não o deixava ver e ainda fazia com que ele atribuísse o mal à sua mãe.

Tanto as dores da gestação da minha esposa como as dores dos exames e das vacinas em uma criança são sofrimentos pelos quais as pessoas precisam passar em nome

COSMOVISÃO cristã

de um bem maior. "O fato é que, em muitos casos, permitimos que a dor e o sofrimento ocorram na vida de uma pessoa com a finalidade de produzir algum bem maior ou por termos razão suficiente para permiti-los."[15]

Assim acontece com Deus também. A nossa visão limitada não nos permite ver que o sofrimento pelo qual passamos agora é apenas uma etapa necessária da vida para que obtenhamos um bem maior depois, o qual não alcançaríamos se não tivéssemos passado pelo sofrimento.

Há alguns anos, eu passei por algumas cirurgias no braço para a retirada de um cisto do pulso. Lembro bem que, em uma dessas cirurgias, tive que ser internado uma noite antes. Por causa da tensão em meu corpo em decorrência do medo de tudo que aconteceria no dia seguinte, dormi de mau jeito e acordei com um forte torcicolo.

O problema é que a anestesia deveria ser dada na região do meu pescoço, e justo do lado que estava mais dolorido por causa do torcicolo. O anestesista pediu que eu olhasse para o outro lado, virando completamente a minha cabeça. Eu não conseguia, pois meu pescoço doía muito. Ele então me deu uma "ajudinha" e forçou minha cabeça para o lado, e eu quase desmaiei de dor, mas, se ele não tivesse me causado aquela dor, não seria possível resolver o problema maior: o cisto no braço. Aquela dor de virar a cabeça para receber a anestesia me livrou da dor muito maior do corte no braço para a retirada do cisto, ou seja, o sofrimento pelo qual passei antes da anestesia tinha como objetivo me livrar de um sofrimento maior. Às vezes, o mal vem a nós

---

[15]*Os sete pecados*, p. 23.

SOFRIMENTO

como um caminho para o bem maior. É como a dor em uma cirurgia ou em uma picada de agulha — ela existe para nos livrar de uma dor muito pior.

> Portanto, não tropecemos quando vemos coisas surpreendentes acontecendo no mundo. Antes, perguntemos: "Qual é a relevância desse evento para o reino de Deus?" Ou, se coisas estranhas têm acontecido a você pessoalmente, não murmure, mas diga: "O que Deus está me ensinando através disso?" [...] Não precisamos nos tornar confusos e duvidar do amor ou da justiça de Deus. [...] Nós deveríamos [...] julgar a cada evento à luz do grande, eterno e glorioso propósito de Deus.[16]

Certa vez, ocorreu um acidente no colégio onde fui pastor. Um dos funcionários da manutenção estava consertando a cesta de basquete da quadra. Ele estava sobre uma escada enquanto fazia o serviço e, em algum momento do trabalho, a escada escapou do apoio e o rapaz caiu de uma altura de aproximadamente dois metros, batendo com as costas no chão. Foi muito preocupante.

O socorro de urgência foi chamado e, quando os socorristas chegaram, trataram de imobilizar a coluna do funcionário; porém, havia um sinal muito positivo nele. Ele sentia muita dor nas costas. Como muita dor pode ser algo positivo? A dor indicava que não havia acontecido nenhum problema grave com a coluna vertebral do rapaz, o que poderia

---

[16]LLOYD-JONES, Martin. *From fear to faith* (Londres: Intervarsity Press, 1953), p. 23-4.

COSMOVISÃO cristã

acarretar uma vida inteira em cadeira de rodas ou sobre uma cama. A dor era a melhor coisa que ele poderia sentir naquele momento, pois indicava que estava vivo e sem consequências piores do acidente.

A dor muitas vezes é um sinal de que estamos vivos e, de certa forma, ela nos traz o benefício de constatarmos que não temos um problema maior do que realmente enfrentamos. Portanto, encare a dor como uma aliada. Sei que não é fácil, mas, se você tomar essa postura, poderá lidar melhor com o sofrimento que ela traz.

Sofrimento como consequência da guerra

O dia 6 de junho de 1944 é lembrado como o "Dia D". O mundo vivia os horrores da Segunda Guerra Mundial, que havia começado em 1939 e já tinha dizimado a vida de milhões de pessoas. Os nazistas, liderados por Adolf Hittler, tinham dominado praticamente toda a Europa. Os aliados então resolveram juntar forças para reverter a situação. O "Dia D" é uma das datas mais importantes desse terrível conflito mundial. Naquela ocasião, uma vanguarda de 175 mil soldados anglo--saxões (americanos, ingleses e canadenses) desembarcou corajosamente nas praias da Normandia para libertar a França da ocupação nazista. Por conta do volume impressionante de navios de guerra, embarcações de transporte de tropas e aviões dos mais variados tipos e modelos, seguramente o Dia D, o começo da Segunda Frente, deve ser considerado a maior invasão aeronaval que a história até então conheceu.[17]

---

[17]Disponível em: http://educaterra.terra.com.br/voltaire/seculo/2004/06/07/001.htm.

SOFRIMENTO

Naquele dia, a Europa começou a ser libertada das forças do Eixo,[18] e a Segunda Guerra começava a vislumbrar o seu fim. Porém, naquele dia de vitória militar, muitos soldados perderam a vida, enquanto outros ficaram gravemente feridos, e outros, ainda, ficaram com as sequelas físicas daquele combate pelo restante da vida. Apesar de estarem lutando por uma causa nobre, eles foram atingidos pelo sofrimento, e o motivo é muito simples: eles estavam no meio de uma guerra. O "Dia D" causou muito sofrimento e morte em nome do fim da guerra.

A nossa visão é muito limitada, e às vezes perdemos a noção de que também estamos vivendo no meio de um grande conflito. Vivemos em uma guerra cósmica entre o bem e o mal; embora o final dessa guerra já esteja determinado e o vencedor — Jesus Cristo — anunciado, enquanto ela não se encerrar por completo poderemos ser vítimas de uma "bala perdida" ou sofrer outras consequências da guerra.

Pode ser que você esteja sofrendo porque está sendo alvejado pelas consequências da guerra entre o bem e o mal. Jesus Cristo, o único ser humano perfeito que passou sobre a terra após a queda do homem, também sofreu muito. Ele não tinha culpa por seu sofrimento, mas estava sendo vítima da guerra cósmica. Como o nosso Mestre e Senhor, precisamos transcender a dor, por meio da fé, e lembrar que logo a guerra vai acabar e, se nos mantivermos firmes do lado de Deus, seremos vencedores. "Os sofrimentos de Jesus nos mostram

---

[18]Nome dado à coalizão militar formada por Alemanha, Itália e Japão.

COSMOVISÃO cristã

que a dor nos atinge não como um castigo, mas, sim, como um contexto para testar a fé que transcende a dor."[19]

Sofrimento como forma de aprendizado

Outra forma de vermos o sofrimento é como uma maneira de Deus ensinar lições importantes aos seres humanos. É importante relembrar que Deus não é o responsável direto pelo sofrimento, mas às vezes ele permite que o sofrimento chegue para que aprendamos alguma lição importante por esse intermédio.

Há um episódio bíblico muito significativo sobre o sofrimento humano: quando Tomé reconhece a divindade de Jesus. O apóstolo fez uma das mais contundentes declarações sobre a natureza de Cristo, ao dizer: "Senhor meu e Deus meu!" (João 20:28). Tomé estava afirmando com uma profundidade tremenda a nossa condição em relação a Jesus. Jesus é Senhor, ou seja, ele manda em nós; e Jesus é Deus, ou seja, ele é o eterno criador e mantenedor de tudo. Tomé estava muito consciente da teologia da natureza de Cristo, mas nem sempre foi assim.

O episódio em que Tomé fez essa declaração foi precedido de muita dúvida do discípulo, uma vez que ele não acreditava que Jesus havia ressuscitado; em seu coração, morava muita dúvida sobre o Mestre. A Bíblia descreve Jesus permitindo que Tomé colocasse a mão sobre as cicatrizes da cruz no corpo do Mestre, o que nos leva a entender que foram as cicatrizes de Cristo que ensinaram e salvaram Tomé.

---

[19]YANCEY, *Para que serve Deus*, p. 35.

SOFRIMENTO

Pode ser que as maiores lições de sua vida, aquelas que serão cruciais para sua salvação, só serão aprendidas de verdade por meio das feridas e das cicatrizes. Deveríamos nos concentrar mais no que podemos aprender com as dores que sentimos. Às vezes a dor é um grito de Deus para nos ensinar algo importante. Como disse C. S. Lewis: "Deus sussurra em nossos prazeres, fala em nossa consciência, mas grita em nossas dores".[20]

---

[20]*O problema do sofrimento*, p. 47

CAPÍTULO 15

HÁBITOS

Todos nós temos hábitos que foram formados voluntária ou involuntariamente. Os hábitos acabam nos formando enquanto seres humanos e determinando o rumo da nossa vida. Quais são os seus hábitos? Neste capítulo, vamos refletir, sempre do ponto de vista da cosmovisão cristã, a respeito de como um hábito se forma e que papel ele desempenha na nossa vida.

O PROBLEMA DE NÃO TER HÁBITOS ESPIRITUAIS

Quero começar contando uma história real que acompanhei de perto. Vou dar nomes fictícios aos personagens, para preservá-los de qualquer constrangimento.

Roberto morava e estudava em um colégio que funcionava em regime de internato. Aquele era um bom lugar, mas Roberto não chegou lá por sua própria escolha. Algum tempo antes, ele havia dado muitos problemas para seus pais, pois começou a andar com pessoas que não o influenciavam para o bem; estava aos poucos começando a praticar coisas que envergonhavam sua família.

Os pais de Roberto atuam no ministério pastoral, e já estava ficando difícil ter de consertar os erros do seu filho; mais do que isso, estava ficando bem difícil enfrentar os olhares acusadores dos membros da igreja. Então, como forma de tentar livrar o filho das más companhias e o próprio ministério da vergonha, os pais de Roberto resolveram mandá-lo para o colégio interno mais distante da sua cidade.

Quando Roberto chegou àquele novo lugar, sentiu-se um pouco deslocado. Era o início do ano letivo e ele não

HÁBITOS

conhecia ninguém ali. Não demorou, no entanto, para que começasse a se sentir melhor. Por ter um inato espírito de liderança, logo começou a ser admirado pelos colegas de classe e levá-los a fazer coisas contrárias ao regulamento da escola. Logo nos primeiros, Roberto revelou hábitos que havia adquirido com seus colegas de rua, como ingerir bebidas alcoólicas e fumar. Todas as vezes que ia à cidade mais próxima, provava bebidas e cigarros, e, sempre que possível, saía da escola para consumir essas coisas.

A direção do internato descobriu esse comportamento e reuniu a comissão disciplinar para decidir o que fariam com Roberto, e todos concordaram em dar mais uma chance para ele. Porém, Roberto precisaria cumprir alguns combinados com a escola, e um deles era não beber mais quando tivesse oportunidade de sair.

Roberto não era um menino de má índole, mas havia desenvolvido hábitos que o levavam para o mal. Somado ao excesso de maus hábitos, ele tinha também carência de hábitos espirituais, e pudemos perceber isso claramente pelo fato de que Roberto decidiu várias vezes, ao longo daquele ano, mudar de vida. Largar os vícios, não fazer mais bagunça no dormitório, não fugir da visão dos monitores para quebrar o regulamento da escola, dentre outras decisões que foram tomadas, mas não cumpridas.

Certa vez, a escola recebeu um pregador para um programa espiritual. Era uma noite de sexta-feira e o clima estava favorável para a espiritualidade. O pastor pregou sobre o céu e leu o texto de Apocalipse 2:10: "Seja fiel até a morte, e eu lhe darei a coroa da vida". A linha do sermão foi a de que o céu era para os que permanecessem fiéis. No final da

COSMOVISÃO cristã

pregação, o pastor apelou para que levantassem e fossem à frente todos aqueles que gostariam de ser fiéis a Deus em todos os momentos da vida e, portanto, queriam ir para o céu. Muitos se levantaram, inclusive Roberto, que foi à frente chorando, abraçou forte seus amigos e decidiu ser fiel a Deus. Todos ficaram muito felizes com a decisão do garoto, pois ninguém queria que ele acabasse sendo expulso da escola por causa de suas falhas.

Uma semana depois daquele apelo, numa noite de sábado para domingo, os ocupantes do residencial masculino acordaram de madrugada com um barulho muito forte de pessoas correndo nos corredores e batendo nas portas dos quartos. Era um grupo de alunos que decidiram fazer baderna naquela noite, não deixando os colegas dormirem. Portas foram quebradas, extintores acionados, entre outras coisas ruins.

Você consegue adivinhar quem havia organizado e estava liderando aquele movimento? Isso mesmo: o Roberto. Essa foi a gota d'água para a escola. Menos de um ano depois de chegar àquele lugar, Roberto foi informado de que teria de voltar para casa. Seus pais foram avisados e, naturalmente, ficaram muito decepcionados.

No dia de sua saída, ele ainda foi capaz de cometer, com uma amiga, uma infração gravíssima ao código de ética da escola. Roberto, que já havia arrumado suas coisas para ir embora, causou também a expulsão de sua colega, que até então não tinha cometido nenhuma falta grave.

Você pode estar condenando o Roberto. Talvez esteja reprovando a sua repetição em cometer coisas erradas e talvez até esteja achando que ele mentiu ao se levantar

HÁBITOS

chorando por ocasião do apelo do pastor à fidelidade. Mas Roberto não estava mentindo ao aceitar o apelo, pois ele queria de fato ser fiel. O problema dele não estava na falta de vontade de mudar, mas sim na falta de hábitos espirituais; o fato de, no culto na igreja, ter decidido mudar não foi suficiente para que Roberto alcançasse essa meta.

Todo dia ele acordava atrasado para o café da manhã e quase não tinha tempo para tomar banho e vestir o uniforme da escola. O dia inteiro ele praticava esportes, conversava com os amigos; até frequentava os cultos regulares do internato, mas, quando voltava ao quarto para dormir, não separava um tempo para orar e ler a Bíblia. Ele poderia decidir todos os dias que iria mudar de atitude, mas, sem hábitos espirituais, é impossível ter força contra o mal.

Talvez você esteja numa situação parecida com a de Roberto. Quem sabe esteja cansado de cometer erros na vida e vive aceitando apelos na igreja para mudar de conduta. Do fundo do seu coração, você quer mudar, mas não tem forças, e seu problema não é que você tem um coração impossível de ser mudado e nem que Deus desistiu de você. Seu problema pode ser a falta de hábitos espirituais. Você até lê a Bíblia e ora, mas é tão esporádico, que não consegue retirar forças para vencer as suas más inclinações diárias.

Provavelmente você tem passado por lutas para se manter em alta espiritualmente. Tem muita vontade de ser um gigante espiritual, mas não consegue sair da mediocridade, ou, pior, nem sabe o que é ter vida espiritual. Mas eu sei o que você está passando e sei por que isso acontece.

Talvez, como Roberto, você tem acordado sempre em cima da hora de sair para seus compromissos diários, e

COSMOVISÃO cristã

volta tão cansado à noite, que não consegue tirar um tempo para se aproximar de Deus antes de dormir. Quem sabe a televisão ou a internet têm tido mais a sua atenção do que a Bíblia, e a oração é algo que você faz somente coletivamente, quando vai à igreja.

O PODER DOS HÁBITOS

Quero contar outra história verídica. Desta vez, pretendo mostrar como, por meio dos hábitos espirituais, podemos obter o poder para vencer as tentações. José morava numa cidade muito corrompida. Ali, as pessoas não tinham respeito pelo casamento, não se sentiam mal em adorar a vários deuses ao mesmo tempo e nem queriam saber da Bíblia. Era comum José andar pelas ruas do bairro onde morava e ver pessoas se prostituindo à luz do dia. Aquele era um péssimo lugar para um garoto cristão morar, mas José tinha chegado lá de maneira involuntária.

O pai de José teve filhos com mais de uma mulher, e todos viviam na mesma casa; ele, por ser o mais novo, sofria muito nas mãos dos irmãos mais velhos. O pai de José o amava muito, mas, por causa dos afazeres diários, não tinha como protegê-lo o tempo todo. Um dia, ele estava em um passeio com seus irmãos e sem os pais. Um dos irmãos sugeriu que eles dessem um sumiço no irmão caçula, e os outros concordaram. Enviaram José à força para outra cidade (essa em que ele mora agora) e ainda mentiram para o pai dizendo que ele havia desaparecido misteriosamente.

Foi assim que José chegou àquele lugar. Mesmo sofrendo assim, ele não deixou Deus de lado, e todos os dias tinha

HÁBITOS

um momento de reflexão em Deus no qual se alimentava espiritualmente. Depois de algum tempo na cidade, conseguiu um emprego na casa de um dos governantes e, seguindo o que aprendeu de Deus, fez o melhor que podia em seu trabalho. O patrão gostou tanto de seu desempenho, que foi lhe dando promoções dentro da empresa. José chegou a ser gerente-geral naquela empresa e, por isso, sempre estava em contato com a família do chefe.

Logo no primeiro dia em que foi à casa do patrão, percebeu que ele tinha muitas riquezas, uma esposa muito bonita e muitos empregados à disposição. Por incrível que pareça, embora José não fosse natural daquela cidade, foi muito bem-recebido lá. A esposa do patrão de José, por sua vez, olhou para ele e logo maquinou o mal. Ela pensava que ele era igual aos outros gerentes que já haviam passado por ali, ou seja, achava que ele cederia às suas pressões; mas, ao tentar muitas vezes seduzi-lo, sempre recebeu um sonoro *não* como resposta.

José tinha hábitos espirituais que o ajudavam a resistir inclusive às mais fortes tentações, e seu contato diário e regular com Deus fez com que a proposta indecente de uma mulher bonita, porém imoral, fosse recusada veementemente. Quando ele se viu no auge da tentação, disse: "Como poderia eu, então, cometer algo tão perverso e pecar contra Deus" (Gênesis 39:9).

O grande José do Egito, cuja história parafraseei aqui, venceu suas tentações com a força que adquiria em seus hábitos espirituais. Perceba que o motivo pelo qual ele não cedeu àquela tentação foi a preocupação em não entristecer a Deus.

COSMOVISÃO cristã

A grande diferença entre Roberto e José é que o segundo cultivava bons hábitos espirituais. Ambos gostavam de Deus, ambos tinham o sonho de ser fiéis, mas somente José parava todos os dias para buscar o poder para alcançar essas metas.

William James escreveu, em 1892, que toda a nossa vida, na medida em que tem forma definida, não é nada além de uma massa de hábitos; em outras palavras, a maioria das coisas que fazemos ao longo do nosso dia são guiadas pelos hábitos que formamos. Charles Duhigg cita, em seu brilhante livro sobre o poder dos hábitos,[1] um artigo publicado por um pesquisador da Duke University em 2006. Nesse artigo, o autor afirma que descobriu que mais de 40% das ações que as pessoas realizam todos os dias não sao decisões de fato, mas sim hábitos, e é por isso que precisamos nos preocupar tanto com essa questão da formação de hábitos, especialmente dos hábitos espirituais, porque, depois que agimos, fica impossível escapar das consequências. Nem Deus tira de nós as consequências das coisas que fizemos, pois "Ele não opera milagre para que a semente semeada não germine e produza fruto".[2] É extremamente necessário avaliarmos a cada dia aquilo que temos feito em nossa vida como um todo e, especificamente, em nosso lado espiritual.

Muitas pessoas vivem numa constante situação de derrotadas diante do pecado, e isso acontece principalmente pela falta de hábitos espirituais. Portanto, se você está

---

[1] *O poder do hábito* (Objetiva, 2012).
[2] WHITE, Ellen G. *Mente, caráter e personalidade*, vol. 1. p. 35.

passando por essa situação, precisa fazer algo com urgência, porque, quanto mais demorar em agir, pior vai ficar.

COMO FORMAR HÁBITOS

Você não deve pensar muito para, ao acordar pela manhã, pegar a sua escova de dentes, colocar pasta e levar à boca. Também não faz muitos cálculos de quais movimentos fará com a escova dentro de sua boca. Você nem percebe quando abre a torneira para enxaguar a escova e não precisa parar para pensar antes de recolocar a escova no lugar em que costumeiramente a guarda. Escovar os dentes virou um hábito tão enraizado, que você faz no "piloto automático". Sabe como esse hábito se formou? Do mesmo modo que se formam todos os outros: com a repetição.

Em algum momento você foi estimulado a escovar os dentes. Talvez sua mãe ou a professora tenha lhe ensinado como manipular a escova e a pasta, quais movimentos fazer, e lhe disse quais os benefícios de escovar os dentes com regularidade. Depois de algum tempo fazendo isso todo dia, mais de uma vez por dia, esse ato se tornou automático para você.

Repito, um hábito se faz com repetição e regularidade. Como dizia Aristóteles: "Somos o que repetidamente fazemos. A excelência, portanto, não é um feito, mas um hábito". É por isso que devemos nos preocupar com o que fazemos de forma repetida. Se todos os dias, quando você chega em casa, a primeira coisa que faz é ligar o televisor, dentro de pouco tempo fazer isso se tornará imperceptível para você. Se a cada vez que você liga o computador vai

COSMOVISÃO cristã

direto à sua rede social favorita, em pouco tempo isso será feito sem que você pense a respeito.

E é aí que mora o perigo do hábito. Como você vai fazendo sem pensar, ele o domina. Mas aqui, no entanto, também mora a maravilha do hábito, pois, se você desenvolve um bom hábito espiritual, ele vai ajudá-lo a crescer diariamente em Cristo.

Os hábitos, dizem os cientistas, surgem porque o cérebro está o tempo todo procurando maneiras de poupar esforço.[3] O cérebro busca criar uma rotina, pois, desse modo, ele se esforça menos para trabalhar. Daí a importância de desenvolvermos hábitos espirituais: quando isso fizer parte da nossa rotina, será bem mais fácil. Temos de ter a consciência de que "a verdadeira felicidade será o resultado de todo desprendimento, de toda crucifixão do próprio eu; ao se obter uma vitória, a próxima será mais fácil de alcançar".[4]

Segundo os cientistas, o hábito possui três estágios — isso é o que os especialistas chamam de *loop* do hábito.[5] Funciona assim: primeiro há uma *deixa*, ou seja, um estímulo para seu cérebro entrar no modo automático. Depois, há uma *rotina*, que pode ser física, emocional ou espiritual. O terceiro estágio é a *recompensa,* que ajuda o cérebro a identificar aquela rotina como algo prazeroso e guardá-la em seus arquivos.

É assim, por exemplo, que podemos formar o hábito de fazer caminhadas. A *deixa* pode ser o momento em que

---

[3]DUHIGG, *O poder do hábito*, p. 35.

[4]White, Ellen G. *Testimonies*, vol. 4, p. 345.

[5]DUHIGG, *O poder do hábito*, p. 36-7

HÁBITOS

você coloca o tênis adequado para caminhada, pois isso aciona em seu cérebro a *rotina* de caminhar; quando você termina essa atividade, sente-se bem por causa do exercício físico. O fato de você se sentir bem serve como *recompensa* e estimula o cérebro a continuar com a rotina. Olhar-se no espelho e perceber que está mais magro também pode servir como recompensa. A questão é que esse *looping* vai fazendo com que aquele ato entre em sua rotina e se torne um hábito.

Quando um hábito surge, o cérebro para de participar totalmente da tomada de decisões, ou seja, ele para de fazer tanto esforço ou de desvia o foco para outras tarefas. A não ser que você deliberadamente lute contra um hábito — que encontre novas rotinas —, o padrão irá se desenrolar automaticamente, diz Duhigg.[6]

Olhando por esse ângulo, podemos perceber quão perigoso ou benéfico é o hábito. Será perigoso se você formar um mau hábito (como comer muito doce todos os dias, por exemplo), mas será benéfico se você formar bons hábitos (como o de fazer atividades físicas regulares, por exemplo).

Quando aplicamos esses conceitos aos hábitos espirituais, podemos entender como podemos fazer para crescer a cada dia espiritualmente. Salomão nos informa: "A vereda dos justos é como a luz da alvorada, que brilha cada vez mais até a plena claridade do dia" (Provérbios 4:18). Mas, para que haja esse crescimento, é importante que haja constância nas atividades espirituais.

---

[6]Idem.

COSMOVISÃO cristã

Embora toda mudança espiritual que aconteça em nós seja efetuada por Deus, sempre há uma parte que é nossa. No que diz respeito aos hábitos espirituais (oração, estudo da Bíblia etc.), também há uma parte que cabe a nós. Stephen R. Covey propõe uma situação que nos ajuda a exemplificar o que quero dizer. Dá para imaginar um agricultor que se esquece de plantar na primavera, passa o verão inteiro de folga e, depois, no outono, trabalha feito um louco para conseguir uma boa safra? A fazenda é um sistema natural, ou seja, o esforço precisa ser diário e, o processo, respeitado. As pessoas colhem o que semeiam, não existe atalho.[7]

Esta é a maior e mais certa lei da vida: colhemos o que plantamos. Por isso, não podemos esperar sermos fortes contra a tentação, orando apenas na hora em que a tentação chega, ou estarmos preparados para pregar a qualquer momento se não estudamos a Bíblia regularmente. É preciso regularidade e persistência no cultivo dos hábitos espirituais. Como diz o ditado: "Plante um pensamento, colha uma ação; plante uma ação, colha um hábito; plante um hábito, colha um caráter; plante um caráter, colha um destino".

Se olharmos para o *loop* do hábito, proposto pela ciência, e fizermos um paralelo com a vida espiritual, podemos organizá-lo da seguinte forma: a *deixa* poderia ser a Bíblia bem perto da sua cama, pois, todas as vezes que você acorda ou vai dormir ela está ali, e vê-la daria o clique inicial para a formação do hábito. A *rotina* seria estudá-la com

_____

[7]*Os sete hábitos das pessoas altamente eficazes.* Franklin Couvey (ed.), p. 33.

262

HÁBITOS

calma a cada dia; a *recompensa* é perceber-se mais forte espiritualmente, tendo mais vitórias contra as tentações.

Esse raciocínio pode ser usado para os outros hábitos espirituais — claro, fazendo as devidas adaptações. O importante é que desenvolvamos uma rotina em que Deus esteja presente em todos os momentos.

A CULTURA DO INSTANTÂNEO

Desenvolver rotina é algo que não está na moda, e digo isso porque vivemos em um período em que tudo precisa acontecer muito rápido. A internet tem que ser rápida, os carros precisam ser cada vez mais velozes, a comunicação precisa ser instantânea. Eu diria que vivemos na era do instantâneo.

Hoje, não precisamos mais gastar uma manhã inteira na cozinha para preparar uma macarronada ou uma lasanha. Lembro que, quando eu era criança, minha mãe demorava horas para preparar uma lasanha com suas diversas camadas de massa e molhos. Hoje, se quisermos, podemos ter uma lasanha pronta em alguns minutos. Basta colocarmos no forno de micro-ondas (outro símbolo da busca por processos mais rápidos) por alguns minutos e teremos uma lasanha prontinha para comer. O mesmo acontece com sucos instantâneos e outros alimentos.[8]

---

[8]Não desenvolverei aqui a discussão sobre quão saudáveis esses alimentos são, mas não precisamos ser profundos conhecedores de nutrição para descobrirmos que a maioria desses alimentos instantâneos não é benéfica à saúde humana. O melhor é que continuemos optando por alimentos e sucos os mais naturais possíveis.

COSMOVISÃO cristã

Outra prova de que a sociedade em que vivemos tem dificuldades com processos longos e trabalhosos é o que acontece nas academias de musculação espalhadas pelas cidades. Muitos "atletas" estão optando por um processo mais rápido para ganho de massa e definição muscular. À custa da saúde, muitos optam por tomar anabolizantes e acelerar o processo, pois não estão dispostos a esperar com paciência pelo processo natural de atividades físicas regulares e suas consequências. O mesmo tem acontecido com aqueles que querem perder peso: alguns apelam para remédios ou dietas mirabolantes, e muitas vezes, acabam emagrecendo, mas, com a perda de peso, também perdem a saúde. Pura pressa! O processo lento seria mais seguro e duradouro.

Outra área na qual podemos observar como a cultura do instantâneo é uma realidade em nossa sociedade é a dos relacionamentos, principalmente no que diz respeito à comunicação entre pessoas. A moda entre a juventude atual é "ficar". O processo que existia há algum tempo, no qual começava-se por conhecer uma pessoa, conversar por alguns dias, passear juntos, se conhecerem melhor, até que chegasse ao primeiro beijo no ato do pedido de namoro é quase desconhecido hoje. Aliás, se você descrever esse processo para a maioria dos jovens, eles farão uma cara feia e chamarão você de careta.[9] A moda hoje é olhar para alguém, se sentir atraído, beijar e só depois procurar saber

---

[9]É lógico que me refiro a jovens não cristãos. Os jovens que seguem os princípios bíblicos para os relacionamentos persistem em ficar dentro dos padrões de Deus e, portanto, não aderem ao "ficar".

HÁBITOS

quem a pessoa é. Mas a sociedade pede processos cada vez mais rápidos.

Eu estava acessando um site de notícias e me deparei com a seguinte manchete: "Jovens brasileiros trocam Facebook por aplicativos de mensagens".[10] A reportagem dizia que, tanto no Brasil quanto nos Estados Unidos, os jovens já não são tão assíduos na rede social, e o motivo é a "lentidão" nas respostas.

Nessa época, os jovens estão trocando o Facebook por aplicativos de conversas nos quais a resposta é imediata. Uma das partes da reportagem dizia o seguinte:

> Para não enfrentar esses dissabores, os jovens preferem ter cada vez mais na ponta dos dedos aplicativos específicos para bater papo com os amigos. "Eu tenho muitos amigos que estão saindo do Facebook e estão preferindo outros apps, como o WhatsApp, o Instagram e o Twitter", declara uma jovem.

Outra jovem depoente na reportagem caracteriza bem essa geração do instantâneo. Ela disse:

> A minha idade é uma idade que quer, tipo, tudo na hora. Se mandar um e-mail, a chance de alguém te responder em um minuto é muito pequena. Então, se você mandar alguma coisa que pode esperar até amanhã, para alguém da minha idade, é melhor nem mandar.

---

[10]http://g1.globo.com/tecnologia/noticia/2013/11/jovens-brasileiros--trocam-facebook-por-aplicativos-de-mensagens.html. Publicado em 25/11/2013. Acesso em 04/10/2021.

COSMOVISÃO cristã

Esse é o espírito que impera na sociedade em que vivemos, e é por isso que os hábitos espirituais são tão difíceis de serem implantados. Dois fatores, pelo menos, tentam bloquear a implantação de hábitos espirituais em nós: a nossa natureza pecaminosa e a pressão da sociedade por resultados rápidos.

A ciência que estuda o aprendizado humano, a pedagogia, concorda que os hábitos são formados de maneira lenta e gradual, e é preciso que tenhamos disciplina e persistência ao formá-los. O *Guia para observação e registro do comportamento infantil*[11] nos ajuda a reforçar o conceito de que a formação de hábitos precisa de tempo, persistência e repetição.

> No âmbito do behaviorismo, existem dois tipos de aprendizagem: condicionamento clássico e condicionamento operante. [...] O *condicionamento clássico* ocorre quando um estímulo neutro — que inicialmente não desperta (provoca) uma resposta específica — está atrelado a um estímulo que faz suscitar uma resposta específica. O atrelamento repetido desses dois estímulos resulta no estímulo neutro que adquire o poder de evocar respostas. [...] O *condicionamento operante* se refere a respostas voluntárias. O termo operante significa que o indivíduo opera no ambiente respondendo a estímulos de maneira particular. Operar no ambiente é responder a ele, e a resposta influencia ou muda o ambiente e evoca algum tipo de resposta.

---

[11]BENTZEN, Warren R. *Guia para observação e registro do comportamento infantil*. (São Paulo: Cengage Learning, 2012).

HÁBITOS

O livro continua explicando que a base dessa teoria é que, ao repetir o comportamento, ele vai virando um hábito, e, cada vez que é reforçado, mais firme vai ficando na mente do indivíduo. É a ciência do comportamento confirmando a importância da repetição para a formação de hábitos.

Ainda na área da pedagogia, falando de como ajudar as crianças e adolescentes a terem um melhor desempenho nos estudos, o professor Marcos Meier[12] propõe alguns passos para a formação dos hábitos de estudo, passos que também podem ser levados em conta para a formação dos hábitos espirituais. Os passos são os seguintes:

- **Constância** — Para formar um hábito é necessário disciplina. Nada de começar e desistir pelo caminho ou mudar frequentemente a forma de executar a ação, o lugar, o horário. Para construir hábitos, é necessário que não haja variações bruscas nas características da ação que se quer transformar em hábito. [...]

- **Continuidade** — muitas pessoas começam, desistem, retomam... isso definitivamente não ajuda na construção de hábitos. É muito importante que haja a repetição incessante da ação.

- **Recompensa** — Inicialmente, a recompensa pode ser externa, como um presente material. Entretanto, o ideal é que o presente seja emocional, um elogio, um abraço, um sorriso.

---

[12]MEIER, Marcos. *Desligue e vá estudar – orientações práticas para os pais* (São Paulo: Fundamentos Educacionais, 2014).

COSMOVISÃO cristã

Esses passos necessários para a formação de hábitos são muito parecidos com o ciclo de formação de hábitos exposto anteriormente neste livro. Uma coisa há em comum entre a maioria esmagadora dos teóricos da formação de hábitos: a repetição é o segredo.

DEUS ESPERA QUE FORMEMOS HÁBITOS ESPIRITUAIS

Deus espera que nos esforcemos para vencer os maus hábitos e estabelecer hábitos que nos levem para mais perto dele. Como ressalta Ellen White:

> Quão mais importante é que o cristão, cujos eternos interesses estão em jogo, coloquem os apetites e as paixões em sujeição à razão e à vontade de Deus! Jamais deve ele permitir que seja sua atenção desviada por entretenimentos, luxos ou comodidades. Todos os seus hábitos e todas as suas paixões devem ser postos sob a mais estrita disciplina. A razão, iluminada pelos ensinos da Palavra de Deus e guiada por Seu Espírito, tem de assumir o controle.[13]

E ela continua:

> Algumas pessoas esperam passivamente que Deus mude os seus maus hábitos e os transformem em bons, mas há uma parte que nos cabe nesse processo. As

---

[13]WHITE, Ellen G. *Atos dos Apóstolos*, p. 173.

HÁBITOS

vítimas de maus hábitos devem ser despertadas para a necessidade de fazer esforços por si mesmos. Outros podem desenvolver os mais fervorosos empenhos para erguê-los, a graça de Deus pode-lhes ser abundantemente oferecida, Cristo pode rogar, Seus anjos ministrar; tudo, porém, será em vão, a menos que eles próprios despertem para pelejar o combate em seu favor.[14]

É importante que o cristão se esforce em desenvolver uma rotina espiritual para a sua vida. Isso é questão de salvação, pois, sem essa rotina, dificilmente conseguiremos estar ligados à fonte dessa salvação: Jesus Cristo. Deus cobrará caro de quem negligenciar a sua parte. Ellen White afirma: "Aproxima-se a hora em que os que desperdiçaram o tempo e as oportunidades se lamentarão de não haverem buscado a Deus".[15]

A Bíblia apresenta vários exemplos de pessoas que tiveram vitórias espirituais em virtude de uma rotina espiritual. O profeta Daniel tinha excelentes hábitos que lhe trouxeram benefícios. Outro gigante da fé foi Jó. Veja qual era o seu segredo: "Terminado um período de banquetes, Jó mandava chamá-los e fazia com que se purificassem. De madrugada ele oferecia um holocausto em favor de cada um deles, pois pensava: 'Talvez os meus filhos tenham lá no íntimo pecado e amaldiçoado a Deus'." Essa era a prática constante de Jó" (Jó 1:5). Nesse versículo, uma das palavras

---

[14]WHITE, Ellen G. *A Ciência do bom viver*, p. 17.
[15]Trecho de: Ellen G. White. "Testemunhos para a Igreja 9." Ellen G. White Estate, Inc. iBooks

COSMOVISÃO cristã

mais importantes é "constante". Não foi à toa que ele enfrentou todas as tragédias da vida e no final pôde dizer: "Meus ouvidos já tinham ouvido a teu respeito, mas agora os meus olhos te viram" (Jó 42:5). Os hábitos espirituais nos sustentam na caminhada rumo ao céu.

Certa vez, Horace Mann, um grande educador, disse: "Os hábitos são como cordas: se acrescentarmos um fio por dia, em pouco tempo não podem mais ser rompidos". Se você ainda não tem hábitos espirituais saudáveis e tem sofrido muito por causa disso; se você há muito tempo sonha em mudar de vida e sonha em estar mais perto de Cristo, então eu quero convidá-lo a buscar formar hábitos que contribuam para seu crescimento espiritual. E faça isso na certeza de que Deus vai ajudá-lo, pois ele é o maior interessado em que você cresça.

CAPÍTULO 16

A VOLTA
DE JESUS

Dentre os assuntos bíblicos, um deles se destaca por sua relevância e pelas vezes que se repete no texto sagrado: a volta de Jesus. São centenas de vezes em que os profetas bíblicos afirmam que Jesus virá pela segunda vez ao planeta Terra. Contudo, algumas pessoas afirmam que Jesus está demorando, e outros ainda afirmam que ele nem virá. Neste capítulo, vamos tentar responder, do ponto de vista da ótica cristã, se Jesus está realmente demorando e se ele realmente voltará.

PROMESSA ANTIGA

"Não se perturbe o coração de vocês. Creiam em Deus; creiam também em mim. Na casa de meu Pai há muitos aposentos; se não fosse assim, eu lhes teria dito. Vou preparar-lhes lugar. E se eu for e lhes preparar lugar, voltarei e os levarei para mim, para que vocês estejam onde eu estiver" (João 14:1-3).

Essa é uma das mais lindas promessas da Bíblia e ela já tem cerca de 2 mil anos de idade. Isso mesmo, desde as primeiras promessas de Jesus feitas por ele mesmo, já se passaram dois milênios. Algumas pessoas olham para esse fato e começam a questionar se essa é uma promessa real. Eu já ouvi pessoas dizendo: "Meu avô morreu esperando a volta de Jesus, meu pai faleceu aguardando a volta de Jesus e ele ainda não veio".

Essa sensação de demora tem feito algumas pessoas desanimarem da fé e até duvidarem da confiabilidade do texto bíblico e da existência de Deus. Os inimigos do

A VOLTA DE JESUS

cristianismo usam essa aparente demora para questionar a religião cristã e debochar dela, e isso é algo muito ruim.

O questionamento a essa promessa é uma crítica indireta à historicidade do texto bíblico e do próprio Cristo, pois, quando duvidamos de que Jesus realmente vai voltar, estamos, na verdade, duvidando da divindade de Cristo. Afirmo isso porque, se cremos que Jesus é Deus, sabemos que ele não pode errar nem mentir; portanto, se ele prometeu voltar, ele voltará.

Se pensarmos em termos puramente cronológicos, poderemos, também, começar a questionar essa doutrina bíblica. Quando usamos parâmetros puramente humanos para avaliar a questão, somos, quase que naturalmente, levados à dúvida. A questão é que a Bíblia é um livro divino-humano, ou seja, existem elementos no texto bíblico que estão além das categorias terrenas; por isso, precisamos levá-las em conta na hora de interpretar o texto bíblico.

Outro ponto importante é que o questionamento em relação ao tempo de espera não é novo. Ele já era exposto há muito tempo, e o registro de 2Pedro 3 é um exemplo disso. O texto foi escrito por volta do ano 67 d.C., ou seja, não haviam se passado nem quarenta anos da promessa de João 14:1-3 e já existiam pessoas questionando a aparente demora. A resposta do apóstolo Pedro para esse sentimento de demora com relação à volta de Jesus é muito esclarecedora, e nós vamos analisá-la mais adiante.

TEXTO ATUAL

A Bíblia inteira é um livro muito atual; contudo, algumas partes parece que foram escritas para o jornal de hoje. São

COSMOVISÃO cristã

tão atuais, que, se aparecessem no editorial de um jornal online hoje, passariam como escritas ontem. Uma dessas partes é o terceiro capítulo de 2Pedro. Nós vamos estudá-lo em detalhes, mas, antes disso, quero registrar aqui os 13 primeiros versículos, a fim de termos a ideia geral da mensagem.

Amados, esta é agora a segunda carta que lhes escrevo. Em ambas quero despertar com estas lembranças a sua mente sincera para que vocês se lembrem das palavras proferidas no passado pelos santos profetas, e do mandamento de nosso Senhor e Salvador que os apóstolos de vocês lhes ensinaram. Antes de tudo saibam que, nos últimos dias, surgirão escarnecedores zombando e seguindo suas próprias paixões. Eles dirão: "O que houve com a promessa da sua vinda? Desde que os antepassados morreram, tudo continua como desde o princípio da criação". Mas eles deliberadamente se esquecem de que há muito tempo, pela palavra de Deus, existiam céus e terra, esta formada da água e pela água. E pela água o mundo daquele tempo foi submerso e destruído. Pela mesma palavra os céus e a terra que agora existem estão reservados para o fogo, guardados para o dia do juízo e para a destruição dos ímpios. Não se esqueçam disto, amados: para o Senhor um dia é como mil anos, e mil anos como um dia. O Senhor não demora em cumprir a sua promessa, como julgam alguns. Pelo contrário, ele é paciente com vocês, não querendo que ninguém pereça, mas que todos cheguem ao

A VOLTA DE JESUS

arrependimento. O dia do Senhor, porém, virá como ladrão. Os céus desaparecerão com um grande estrondo, os elementos serão desfeitos pelo calor, e a terra, e tudo o que nela há, será desnudada. Visto que tudo será assim desfeito, que tipo de pessoas é necessário que vocês sejam? Vivam de maneira santa e piedosa, esperando o dia de Deus e apressando a sua vinda. Naquele dia os céus serão desfeitos pelo fogo, e os elementos se derreterão pelo calor. Todavia, de acordo com a sua promessa, esperamos novos céus e nova terra, onde habita a justiça (2Pedro 3:1-13).

A leitura rápida desse texto já nos impressiona. Como afirmei, a mensagem que está contida nele é muito atual. Parece que Pedro estava prevendo o que escutaríamos hoje de cristãos frios na fé e dos inimigos do cristianismo.

Espere um pouco! Não podemos nos esquecer de que a Bíblia é um livro inspirado por Deus; portanto, Pedro estava escrevendo para as pessoas do seu tempo, mas, profeticamente, inspirado pelo Espírito Santo, estava também escrevendo para os cristãos de todos os tempos.

O Espírito Santo é o agente da divindade responsável por inspirar os profetas e cuidar para que a mensagem que Deus gostaria de deixar para a humanidade fosse registrada com exatidão. Embora a Bíblia tenha sido escrita na linguagem humana, ela teve a supervisão divina. A mensagem das Escrituras é a voz de Deus na linguagem humana; ela serve para nós hoje tanto quanto servia para os destinatários originais.

COSMOVISÃO cristã

A PREOCUPAÇÃO DE PEDRO

Vamos dividir o texto de Pedro em partes menores para que possamos explorá-lo com mais profundidade. Vamos começar lendo os versículos 1-4.

> Amados, esta é agora a segunda carta que lhes escrevo. Em ambas quero despertar com estas lembranças a sua mente sincera para que vocês se lembrem das palavras proferidas no passado pelos santos profetas, e do mandamento de nosso Senhor e Salvador que os apóstolos de vocês lhes ensinaram. Antes de tudo saibam que, nos últimos dias, surgirão escarnecedores zombando e seguindo suas próprias paixões. Eles dirão: "O que houve com a promessa da sua vinda? Desde que os antepassados morreram, tudo continua como desde o princípio da criação" (2Pedro 3:1-4).

A primeira ideia destacada nesse trecho é a questão do senso de urgência a respeito da volta de Cristo. Pedro destaca que era algo relatado já havia muito tempo pelos profetas. Não era a primeira vez que a audiência de Pedro ouvia a respeito da volta de Jesus, e Pedro não era o primeiro profeta a se referir a esse assunto.

A primeira pessoa da Bíblia a falar a respeito da segunda vinda de Cristo foi Enoque — sim, aquele que foi arrebatado sem conhecer a morte —, e isso está registrado na Carta de Judas, nos versículos 14 e 15. Veja:

> Enoque, o sétimo a partir de Adão, profetizou acerca deles: "Vejam, o Senhor vem com milhares

A VOLTA DE JESUS

de milhares de seus santos, para julgar a todos e convencer a todos os ímpios a respeito de todos os atos de impiedade que eles cometeram impiamente e acerca de todas as palavras insolentes que os pecadores ímpios falaram contra ele" (Judas 1:14-15).

Isso não o impressiona? Séculos antes da primeira vinda de Cristo, o Senhor já tinha revelado a Enoque como seria o esplendor e a magnitude da segunda vinda. Acredito que, quando Enoque falava desses assuntos aos seus contemporâneos, não era muito compreendido. Não podemos esquecer, no entanto, de que Enoque viveu naquela geração que precisou receber o dilúvio porque estava no limite da paciência divina. E esse dilúvio foi uma amostra do que Deus faria no futuro por ocasião da segunda vinda de Cristo. É por isso que Pedro tinha tranquilidade em afirmar que aquele não era um assunto novo. Mesmo antes de Cristo estar na terra e fazer as suas promessas escatológicas, essa promessa já era conhecida e, por isso, Pedro está dizendo que seus ouvintes deveriam se lembrar dos profetas.

Essa é uma mensagem muito atual. Hoje, mais do que no tempo em que a carta de Pedro foi escrita, podemos dizer: "Lembrem-se do que os profetas falaram sobre a segunda vinda de Cristo". Temos todo o cânon para nos lembrar de que a volta de Jesus é uma promessa real e que vai se cumprir mais cedo do que pensamos. O fato de termos essa afirmação repetida centenas de vezes no texto bíblico deveria ser suficiente para termos certeza de que Jesus voltará. Se prometeu, ele cumprirá.

COSMOVISÃO cristã

Nessa altura do texto, Pedro se lembra de um gɩ   ꞁe pessoas que se fariam presentes no contexto da iminência da volta de Cristo: os escarnecedores. Na verdade, eles já existiam no tempo em a carta foi escrita e existirão também nos dias que antecederão a volta de Cristo.

É importante ressaltar que Pedro usa a palavra *escarnecedores*, e não *zombadores*. Zombar seria falar mal sem conhecer profundamente o assunto, e os zombadores seriam facilmente ignorados, já que são pessoas que estariam distantes da teologia bíblica a respeito da volta de Cristo. O escarnecedor é alguém que conhece o assunto e tenta menosprezá-lo. No contexto da carta de Pedro, são pessoas que conhecem a respeito da promessa da volta de Cristo, talvez já tenham vivenciado essa promessa no coração em algum momento, mas perderam essa esperança e agora querem escarnecer de quem mantém a fé.

É possível que você já tenha vivenciado esse escarnecimento em algum momento: talvez já tenham desprezado a sua fé na volta de Cristo; ou quem sabe alguém da sua família já riu da sua esperança. Acerca desse fato, quero lhe dizer duas coisas. A primeira é que, muito antes de desanimar com os escarnecedores, você deve ficar cada vez mais animado, pois, o fato de eles existirem só confirma a veracidade da volta de Cristo. A segunda coisa é que você precisa se lembrar de que, todas as vezes que escarnecem de um filho de Deus, estão escarnecendo do próprio Deus, e, nesse caso, ele mesmo cuidará dessa questão.

Pedro dá uma característica espiritual desses escarnecedores: eles andam segundo as suas próprias paixões; ou seja, são pessoas dominadas pela carne, e isso se opõe à vivência pelo Espírito, o que seria o ideal. É por isso que

A VOLTA DE JESUS

essas pessoas escarnecem, porque elas estão dominadas por aquilo que é da carne.

Aqui mora uma lição espiritual muito profunda. A única maneira de guardarmos a esperança viva em nosso coração é viver pelo Espírito. Se nossa vida é pautada pelas vontades da carne, a volta de Jesus não será uma vontade nossa. Na verdade, pessoas que vivem dessa maneira alimentam medo e desejo de que, se Jesus realmente for voltar, que ele demore muito.

Neste momento, quero propor que você pare um pouco para refletir a respeito de sua vida. Você tem desejado a volta de Jesus? Tem pensado a respeito desse assunto? Você ora e trabalha para que Jesus volte logo? Se a sua resposta a essas perguntas for negativa, existe uma grande possibilidade de que você esteja vivendo pela carne, e não pelo Espírito, e essa é uma situação muito perigosa. A boa notícia é que ainda existe graça. Ainda dá tempo de você se arrepender e voltar para os braços de Jesus, aquele que prometeu voltar para lhe resgatar.

A cegueira espiritual dos escarnecedores é tão grande, que eles afirmam que o mundo é o mesmo desde o princípio da criação. É lógico que essa é uma afirmação falsa, e não é preciso muito discernimento espiritual para perceber que estamos vivendo (e nos tempos de Pedro já era assim também) uma situação muito diferente de quando Deus criou tudo. Os escarnecedores desprezam a questão da entrada do pecado, do dilúvio, da degradação da raça humana. Eles não percebem que o mundo vai de mal a pior; para eles, tudo está igual. Não é à toa que Pedro diz que eles vivem pela carne, pois estão com os olhos espirituais cegos pelo pecado.

Talvez você esteja vivendo em um contexto e. sua fé na volta de Jesus é escarnecida constantei. ..nte, mas não permita que isso leve desânimo à sua fé. Encare esse fato como mais um cumprimento profético a respeito daquele que será o maior evento da história.

ARGUMENTOS DE CONFIRMAÇÃO

Após esse preâmbulo, Pedro começa a trabalhar com alguns argumentos que dão sustentação à sua tese inicial, ou seja, de que Jesus realmente voltará conforme está prometido na Bíblia. Isso acontece do versículo 5 até o 9. Vamos reler:

> Mas eles deliberadamente se esquecem de que há muito tempo, pela palavra de Deus, existiam céus e terra, esta formada da água e pela água. E pela água o mundo daquele tempo foi submerso e destruído. Pela mesma palavra os céus e a terra que agora existem estão reservados para o fogo, guardados para o dia do juízo e para a destruição dos ímpios. Não se esqueçam disto, amados: para o Senhor um dia é como mil anos, e mil anos como um dia. O Senhor não demora em cumprir a sua promessa, como julgam alguns. Pelo contrário, ele é paciente com vocês, não querendo que ninguém pereça, mas que todos cheguem ao arrependimento (2Pedro 3:5-9).

O apóstolo começa essa parte da sua argumentação trazendo à memória dos seus leitores dois eventos que marcaram muito o início da história do planeta: a criação e o

A VOLTA DE JESUS

dilúvio. Pedro diz que aqueles que escarnecem da volta de Cristo já se esqueceram do poder que Deus teve para criar tudo e destruir também.

É interessante pensar nesse aspecto da exposição de Pedro, porque, o que Jesus está prometendo fazer no futuro, já foi feito no passado. Deus já criou tudo e destruiu uma vez por meio do dilúvio. Por que ele não poderia fazer novamente?

Nesse ponto, percebemos uma questão fundamental. Os autores bíblicos tratam os primeiros capítulos de Gênesis como um documento histórico que relata eventos literais. Isso pode parecer algo óbvio para o círculo da teologia conservadora, mas não o é para outras tendências teológicas.

Aqueles que defendem a teologia liberal não creem no caráter sobrenatural da Bíblia e querem transformar seus primeiros capítulos em alegoria, ou seja, querem dizer que a criação, o dilúvio, a torre de Babel, dentre outros eventos, são apenas histórias ilustrativas, e não eventos literais. Essa é uma armadilha do inimigo de Deus, pois é exatamente a crença na literalidade do início de tudo que nos dará certeza de que o fim também será literal.

É por isso que Pedro diz que os cristãos devem olhar para a criação e o dilúvio, porque, olhando para esses eventos, teremos a certeza de que Jesus agirá no futuro com o mesmo poder que agiu no passado. O Cristo de Gênesis 1 e Gênesis 6 (da criação e do dilúvio) é o mesmo de Mateus 24 e Lucas 21 (dos eventos finais), ou seja, o mesmo Senhor poderoso para criar e destruir no início tem o mesmo poder para destruir no final com a sua volta — e Pedro deixa isso muito claro.

COSMOVISÃO cristã

Outro fator que precisa ser entendido é a qu
tempo, um aspecto que tem deixado muita gente c .usa.
Essas pessoas dizem que já faz mais de 2 mil anos que Jesus prometeu voltar e ainda não voltou. Para elas, Cristo está demorando muito. Para responder a esse questionamento, Pedro aborda a questão do tempo, tentando deixar claro que a contagem do tempo do ponto de vista humano é diferente da contagem do tempo do ponto de vista divino. Pessoas finitas contam o tempo de maneira diferente do Deus infinito. Quem tem uma vida de 80 ou 90 anos vê o tempo de maneira diferente de quem é eterno; em outras palavras, enquanto 50 anos para nós é uma vida, para Deus é uma fagulha inexpressiva de tempo. É por isso que Pedro nos faz lembrar que, para Deus, mil anos são como um dia. Ou seja, com a mesma velocidade que um dia passa para nós, mil anos passam para Deus. Pense no dia de ontem... ele não foi rápido? Para Deus, os últimos mil anos foram igualmente rápidos.

O salmista já havia exposto essa verdade centenas de anos antes de Pedro, e o apóstolo a reproduziu em seu texto: "De fato, mil anos para ti são como o dia de ontem que passou, como as horas da noite" (Salmos 90:4). Portanto, os 2 mil anos que já se passaram desde a promessa feita por Cristo aqui na Terra, para Deus, é como se fossem dois dias. A demora é uma percepção humana; no tempo divino, tudo está correndo conforme a sua vontade, no seu tempo.

Em vez de demora, Pedro, inspirado por Deus, chama o tempo de 'paciência de Deus. O tempo que está passando entre a promessa' da segunda vinda de Cristo e sua efetivação não é visto como demora na perspectiva divina. É paciência, ou seja, tempo para que todos aqueles que queiram possam chegar ao arrependimento e se beneficiar da graça de Cristo, recebendo a salvação.

Em vez de reclamarmos da demora, que é fruto da nossa percepção limitada de tempo, devemos aproveitar cada minuto que temos, para nos arrepender dos nossos pecados, acessar a graça divina e receber a salvação.

TEMPO DE SURPRESA

Depois de falar com seus leitores sobre as razões pelas quais eles deveriam continuar crendo na volta de Cristo e aguardando-a, o apóstolo Pedro passa a falar sobre aquele dia glorioso. É como se ele estivesse dizendo: "Agora que vocês renovaram a fé na promessa da volta de Cristo, quero descrever como será aquele dia". Vamos reler as palavras de Pedro:

> O dia do Senhor, porém, virá como ladrão. Os céus desaparecerão com um grande estrondo, os elementos serão desfeitos pelo calor, e a terra, e tudo o que nela há, será desnudada. Visto que tudo será assim desfeito, que tipo de pessoas é necessário que vocês sejam? Vivam de maneira santa e piedosa, esperando o dia de Deus e apressando a sua vinda. Naquele dia os céus serão desfeitos pelo fogo, e os elementos se derreterão pelo calor. Todavia, de acordo com a sua promessa, esperamos novos céus e nova terra, onde habita a justiça (2Pedro 3:10-13).

A comparação com o ladrão visa falar da forma não preanunciada como aquele dia acontecerá. O ladrão não avisa

COSMOVISÃO cristã

quando entrará na casa para roubar: ele simples,
tra. A volta de Cristo será dessa forma — apenas a   ce-
rá, sem que o dia e a hora sejam anunciados.

Os acontecimentos na natureza serão impressionantes.
Barulho e calor como nunca vistos. Serão eventos sem par
na história; para recebê-los com alegria, é preciso que si-
gamos algumas orientações. Isso é retratado na pergunta
de Pedro: "Que tipo de pessoas é necessário que vocês sejam?". Existe um comportamento que será característico
dos salvos, os quais não foram salvos por causa do comportamento, mas em consequência da salvação.

Pedro ressalta três características daqueles que aguar-
darão a volta de Jesus da maneira certa. A primeira é a *santidade*. Mas o que é santidade? É parecer cada vez mais com
Cristo em todos os aspectos. Santidade é permitir que Deus
trabalhe em nós, retirando o que ele quiser e colocando o
que ele quiser. É uma obra que Deus faz em nós de maneira
contínua, é submissão completa à vontade de Deus revelada em sua Palavra. A santidade é um pré-requisito para
que finalmente possamos ver a Deus, conforme a própria
Bíblia apresenta: "Esforcem-se para viver em paz com todos e para serem santos; sem santidade ninguém verá o
Senhor" (Hebreus 12:14).

Outra característica que Jesus espera que os seus filhos
tenham antes da volta de Cristo é a *piedade*. Enquanto a
santidade é um elemento que diz respeito à nossa relação
com Deus, a piedade é um elemento que diz respeito à nossa relação com o próximo. Sim, enquanto Jesus não vem,
devemos ser solidários, ajudar aqueles que necessitam de
nós e amparar os oprimidos. Essa foi uma verdade retrata-
da por Jesus em seu discurso profético.

A VOLTA DE JESUS

"Então o Rei dirá aos que estiverem à sua direita: 'Venham, benditos de meu Pai! Recebam como herança o Reino que lhes foi preparado desde a criação do mundo. Pois eu tive fome, e vocês me deram de comer; tive sede, e vocês me deram de beber; fui estrangeiro, e vocês me acolheram; necessitei de roupas, e vocês me vestiram; estive enfermo, e vocês cuidaram de mim; estive preso, e vocês me visitaram'. Então os justos lhe responderão: 'Senhor, quando te vimos com fome e te demos de comer, ou com sede e te demos de beber? Quando te vimos como estrangeiro e te acolhemos, ou necessitado de roupas e te vestimos? Quando te vimos enfermo ou preso e fomos te visitar?' O Rei responderá: 'Digo-lhes a verdade: o que vocês fizeram a algum dos meus menores irmãos, a mim o fizeram'" (Mateus 25: 34-40).

A terceira característica daqueles que estarão prontos para a volta de Cristo é exposta na expressão *apressando a sua vinda*. Embora a volta de Cristo vá acontecer no tempo de Deus, *apressá-la* significa trabalhar em prol dela, pregar o evangelho, anunciar que Cristo voltará. Esse é um trabalho que Deus espera que façamos continuamente.

TERRÍVEL E MARAVILHOSO

A descrição que Pedro faz daquele dia é terrível e maravilhosa. Como o mesmo evento pode ser essas duas coisas ao mesmo tempo? Simples: depende da pessoa que o receberá. As pessoas que estiverem prontas para a volta de Cristo louvarão a Deus quando virem a natureza em ebulição,

COSMOVISÃO cristã

porque saberão que chegou a hora de se encontr~
seu Senhor. Para aqueles, porém, que estiverem de~ ~a-
rados, a volta de Cristo será terrível, pois saberão que farão
parte da destruição que a natureza sofrerá.

No dia da volta de Jesus, existirão apenas dois grupos
bastante distintos entre si. O primeiro dirá: "Eis que este é
o nosso Deus, a quem aguardávamos, e ele nos salvará; este
é o Senhor, a quem aguardávamos; na sua salvação gozare-
mos e nos alegraremos" (Isaías 25:9, ARA). Nesse grupo, haverá alegria, paz e o sentimento de que tudo valeu a pena.

O outro grupo se encaixará na seguinte passagem: "Eles
gritavam às montanhas e às rochas: 'Caiam sobre nós e es-
condam-nos da face daquele que está assentado no trono
e da ira do Cordeiro! Pois chegou o grande dia da ira deles;
e quem poderá suportar?'" (Apocalipse 6:16-17). Nesse grupo, haverá uma angústia como nunca sentida antes e um
sentimento de que todos os prazeres da terra não valeram
a pena diante da perda da vida eterna.

A pergunta que lhe faço agora é: de qual grupo você
quer fazer parte? Qual será a sua decisão? A porta da graça
está aberta; aproveite e tome a sua decisão por Cristo neste momento e viva como alguém que foi salvo pela graça
de Cristo.